交流分析TA

職場に活かす TA実践ワーク

人材育成、企業研修のための25のワーク

「ライフデザイン研究所」所長
畔柳　修 ▶ 著
(くろやなぎ　おさむ)

金子書房

まえがき

　良い樹は必ず細かい根が地中に深く広くはっています。根が丈夫な限り、樹は自然と伸びていくものです。ところが、今の時代は結果を急ぐあまり、過程を大切にせず、地中の根をほったらかしにしておいて、地上の樹のことばかりに熱中しているように思えます。根が育たないのに樹が大きくなるということはないのです。あったとしても、細く弱々しく、北風が吹くとすぐに折れ、倒れてしまいます。

　見える世界は、その幾層倍の見えない世界により支えられ、そこに存在しています。

　"小さな努力で大きな成果"が経済の原則のように見えますが、実は"大きな努力で小さな成果"が、結果的には確実なのではないでしょうか。今は人材の質が企業の質を左右します。そもそも人材育成は、小さな投資で大きな成果を期待するほどやさしいことではありません。

　人材育成ほど面倒で手間のかかることはありません。水をやり、肥やしをまき、光を当てるなど、多くの手間が必要です。

　よい作物を作るには、まず、大地をよく耕し、肥やさなければなりません。人間をつくるには、心を深く耕し、磨かなければなりません。

　心田はいくら耕しても耕し尽きることはありません。

　筆者は、本書で扱うＴＡ（交流分析）を研修（ワークショップ）や経営コンサルティング（組織開発）などでとても大切にしています。

　それは、目に見えない心田を耕してくれる絶好の学びを提供してくれるからです。

　本書は人材育成に携わる方や、企業の研修担当者にＴＡの有効性と面白みを知っていただくために書いたものです。ワークが中心になっていますが、ＴＡとの出会いを通して、豊かな人間性を磨いていただくきっかけにしていただけることを切に願っています。

ライフデザイン研究所
畔柳　修
（くろやなぎ　おさむ）

CONTENTS

まえがき……i
本書の使い方……iv

第1章 Transactional Analysis（交流分析）とは……2
1　Transactional Analysis とは……2
2　ＴＡの２つの基本的前提と４つの分析……2
3　ＴＡのねらいと自律性の達成……5
4　ＴＡの哲学……6
5　人材育成や組織開発とＴＡ……7
6　学習サイクルと内省的な学び……12

第2章 自我状態分析──自分を知り、他者を知る……14
1　性格のくせを知る……14
- 特別ワーク　心理検査 TEG でエゴグラムをつくってみよう……19
- ワーク1　自分の行動特徴を周りの人と比較する……27
- ワーク2　心の５チャンネル　理解度テスト……33

2　自分で思う自分／他人から見た自分……37
- ワーク3　グループメンバーからのフィードバック（1）……39
- ワーク4　グループメンバーからのフィードバック（2）……45
- ワーク5　エゴグラムで気づいた自分のくせ……49

第3章 やりとり分析──生産的コミュニケーション……54
1　自我状態とコミュニケーション……54
- ワーク6　仕事上のトラブルに対する対応……56
- ワーク7　ＰＡＣによる意思決定演習……60

2　やりとり分析の３つのパターン……66
- ワーク8　やりとり分析　理解度テスト……71
- ワーク9　やりとりの体験学習……76
- ワーク10　対人反応──ＰＡＣを見分けるポイント……80

第4章 ストローク──モチベーションと職場の活性化……90
1　ストローク"心の栄養素"とは……90
2　自分のストロークのクセに気づく……94
- ワーク11　働きがいを感じるとき……95
- ワーク12　ストロークの自己分析……97
- ワーク13　ほめ方＆叱り方のコツ……101
- ワーク14　ストロークの与え方……116

　　　　ワーク15　職場におけるあなたのストローク（1）……120
　　　　ワーク16　職場におけるあなたのストローク（2）……123
　　　　ワーク17　ほめ方演習……125
　　　　ワーク18　サイン収集ゲーム……130
　　　　ワーク19　ストローク・シャワー……132
　　3　真実な関係──我と汝の関係……139
　　　　ワーク20　真実な関係……141

第5章　基本的な人生態度──健全な対人関係……148
　　1　対人関係の基本態度……148
　　2　対人行動にあらわれる4つの態度（心理的ポジション）……149
　　　　ワーク21　あなたの基本的態度……152

第6章　ゲーム分析──マネジメントのトラブルのもと……156
　　1　心理的ゲームとは……156
　　2　心理的ゲームの種類とドラマ三角形……157
　　3　心理的ゲームの特色……164
　　4　なぜ心理的ゲームをやるのか……165
　　5　心理的ゲームをやめるには……167
　　　　ワーク22　職場のゲーム演習……173

第7章　時間の構造化──生産的な時間の使い方……176
　　1　人間の基本的飢餓……176
　　2　時間の構造化とは……176
　　3　6つの時間の構造……177
　　　　ワーク23　時間の構造化インタビュー……182
　　　　ワーク24　Time is Life　時は命なり……187

第8章　ＴＡを活かした研修のプログラム事例……192
　　1　メンタルヘルス研修……192
　　2　キャリアデザイン研修……194
　　3　その他ＴＡを活かした研修……195

文献……201
あとがき……202

Transactional Analysis

> 本書の使い方

① 本書は、ＴＡを活かして研修を行うファシリテーターのために書かれたものです。第１章は、ＴＡの解説をしています。第２章〜第７章は、研修で使えるＴＡを活かしたワークを紹介しています。第８章は、筆者が企業で行っているＴＡ研修の一例を紹介しています。

② 第２章〜第７章は、ＴＡの概念ごとに章立てされています。おおむね概念の解説、それに続いて、その概念を応用したワークの紹介という構成になっています（概念の解説の前に、ワークがあるものもあります）。

③ ワークは、〈ねらい〉〈進め方〉〈ワークシート〉〈ふり返り〉で構成されています（〈ワークシート〉〈ふり返り〉がないものもあります）。〈まとめ〉として、筆者がワーク後にコメントする内容を紹介しているものもありますので、参考にしてください。気づきを分かち合い、学び合う空間を創造しながら進めてください。

④ ＴＡの概念に不安がある方は、ワークをとばしながら、概念の解説のみを読んでください。概念を理解している方は、目次からワークを選んで、そのワークの〈ねらい〉から読み進めることもできます。

⑤ ワークは、研修などにそのまま取り入れられますが、自社に合わせてアレンジするのもよいでしょう。ファシリテーターである皆さんが自律的に研修を組み立て、活用してください。

職場に活かすTA 実践ワーク
人材育成、企業研修のための25のワーク

Transactional Analysis
（交流分析）とは

1 ▶ Transactional Analysis とは

　ＴＡとは、Transactional Analysis（トランザクショナル・アナリシス）の略語です。日本では、交流分析とか対話分析と訳されています。本書では、「ＴＡ」と表記します。

　ＴＡは、アメリカの精神科医エリック・バーン博士（1910〜1970）によって創始された人間行動に関するひとつのまとまった理論で、集団心理療法を目的として1957年に発表されました。

　理論が平易で、わかりやすい日常語で発表されたために、病気の治療の場だけでなく、家庭・職場・学校など、人と人が交流する場で、自己探求や人間関係の改善、リーダーとしての行動変革を目的として、たいへん普及しています。

　なぜならば、ＴＡは
①自分自身を理解するための手がかりとなり、
②自分が他人とどのようにかかわっているかに気づき、
③自分が今、歩んでいる人生がどんなもので、それが一体何によって決められたかに気づき、
④自分が今までに無意識にやってきた行動、考え方、感じ方のもとになっている要因に気づくことに役立つからです。

　家庭では、夫婦や親子の対話をより親密にし、幸せな家庭を築くための指針になります。

　職場においては、コミュニケーションを円滑にし、好ましいリーダーシップの発揮や組織の活性化に役立てることができます。とくに、働く一人ひとりが自己の生き方、かかわり方を見つめ、豊かな人間性を育てるには絶好の学びだといえます。

2 ▶ ＴＡの２つの基本的前提と４つの分析

　これまでの自分の行動パターンに気づき、それを自分にとって望ましいものに変えていくための手がかりとなる実践的な考え方がＴＡです。図1-1「ＴＡの概観」の通り、ＴＡの理論は、２つの基本的前提と４つの分析によって構成されています。

第1章　Transactional Analysis（交流分析）とは

Transactional Analysis はひとつの道具	基本的前提
自分自身を知るため 自分が他の人とどのようにかかわっているかを知るため　かかわり方を創造するため 自分の人生の"筋書き"を知るため 自分がこれまでやってきたやり方（決定・行動）を検討・評価し、これからやる、望ましいものに変えていくのに用いられる実際的な手がかりとなる	人間は飲食物に飢餓感をもつように、心理的には次のものが不可欠でそれなしには生きられない。 　ストロークへの欲求 　時間の構造への欲求

広義の Transactional Analysis には大きく分けて4つの分析があります。

自我状態分析
──自我状態に気づくための分析
　　構造分析
　　機能分析

自分の自我状態に気づくことによって自分の考え、行動様式、感情のもとになっているものに気づくことができます。また、自分の人格の中での不調和をみつけ、その一致を求めることができます。

やりとり分析
──人と人とのかかわりの分析
　①平行的やりとり
　②交差的やりとり
　③裏面的やりとり

自分と他者とのかかわりに気づくことにより、それを意識的にコントロールできるようになります。

ゲーム分析
──かくれた、人と人とのやりとりの分析
例えば
"YES BUT（はい、でも）""とっちめてやるぞ""私はバカ者""おせっかい""けしかけ"

自分がどのような傾向のかかわり方をしているかを発見し、それが本当に"今ここ"で自分の状況に適切であるかを検討します。そのことによって、より本来的な自己に生きることができます。

人生脚本分析
──人が知らず知らずのうちに従っている人生劇の筋書き分析
　例　縁の下の力持ち、負け犬、ろくでなし、道化役、イイ子、一匹狼など

心理的ポジション
基本的信頼感──幼児期に形成した人生の構えで、その後どのように生きていくか、どのような対人関係をもつか
・I am OK & You are OK ・I am Not OK & You are OK
・I am OK & You are Not OK ・I am Not OK & You are Not OK　4つのものがあります。

"ＴＡを学び、ＴＡを乗り越えてください"（E・バーン）

図 1-1　ＴＡの概観「人間行動を理解するための1つのまとまった理論」

ＴＡの２つの基本的前提

①ストローク（およびディスカウント）（第４章参照）

　ＴＡでいうストロークとは、「なでる」、「さする」といったもともとの意味から広げて、「他の人の存在を認めるための働きかけをすること」をいいます。肉体的な接触のほかに、「ほめる」、「はげます」、「挨拶する」もストロークですが、「叩く」、「叱る」もストロークです。前者を"肯定的ストローク"、後者を"否定的ストローク"と呼んでいます。

　一方、「相手の存在を認めず、無視すること」が"ディスカウント"であり、ここには多くの問題が含まれています。

②時間の構造化（第７章参照）

　私たちは、自分の一生の時間を仕事や遊び、休息など、さまざまに使っています。ＴＡではこの時間の使い方を"構造化"と呼び、どのようなストロークを求めて、どのようにストロークを避けて時間を使っているか、という観点から検討します。つまりＴＡでは、ストロークをどのような形で受けるように時間を使っているかで、その人の生き方のパターンが決まってくると考えています。

ＴＡの４つの分析

①自我状態分析（第２章参照）

　ＴＡでいう自我状態とは、「これが自分である」という場合の「これ」にあたるものです。そのときの考え方、感情、態度、行動の様式などに自分で気づくための分析が"自我状態分析"です。

　実際に自我状態を分析する際には、自分の中には３つの異なった自分があり、それがその時々に応じて顔を出すことを明らかにします。

②やりとり分析（第３章参照）

　自分の中に３つの自我状態があるように、相手の中にもまた３つの自我状態があります。この３つの自我状態という考え方を使って、自分が相手とどのようなかかわり合い方をしているのかに気づくための分析の枠組みが"やりとり分析"です。

③ゲーム分析（第６章参照）

　ＴＡでいうゲームとは、自分でも知らず知らずのうちに繰り返してしまう、ある種の行動パターンです。結果がわかっている夫婦げんか、気まずい思いを残す嫌な同僚とのやりとりなど不愉快な後味を残すことが多く、ゲームを分析することで、その仕組みに気づき、避けることができるようになります。

④人生脚本分析

　私たちの一生は、一編のドラマのようなもので、それぞれの人が脚本をもっていて、自分の人生という舞台で、脚本に書かれている役割を演じているのだとＴＡでは考えます。その脚本はどのよ

うな内容なのか、どのようにしてその脚本ができあがったのか、脚本を書き変えるにはどうしたらいいのか、などを検討するのが"人生の脚本分析"です。

この概念については、企業内研修で用いる頻度が比較的少ないため、本書で詳細は紹介していません。

3 ▶ TAのねらいと自律性の達成

TAの究極的なゴールは、個人の自律性を高めることです。

自律的な人とは、自分の思考、感情、行動に自分で責任のもてる人をいいます。

私たちの思考・感情・行動・態度を集約すると、それは私たち自身の「生き方」のあらわれにほかなりません。

自律性を高めるためには、"今、ここでの気づき""自発性""親密性"の3つの能力が必要とされています。

① "今、ここでの気づき"を深める

どのような生き方を選択するにせよ、私たちはひとりで生きることはできません。周りに影響を与え、周りからいろいろな影響を受けながら人生を歩んでいます。したがって私たち一人ひとりの幸せは人を通してもたらされるといえます。

自分が"今ここ"で周りにどのような影響を与えて生きているかに気づくことは、自分の、そして周囲の幸せを実現する第一歩です。そのためには、自分自身を深く知ることが必要です。

イギリスの経済学者アーノルド・トインビーの有名な言葉に、「現代人はどんなことでも知っている。ただ、自分のことを知らないだけだ。現代人は外にばかり眼がついていて、内には眼がついていない」があります。

自分自身に直面して、自分自身を知ることはたいへんむずかしく、とても勇気のいることですが、私たちの成長は自己への気づきの深まりからはじまります。気づきの深い人は、"今ここ"の現実に目覚め、過去のとらわれや偏見に振りまわされずに主体的に生きています。自分の感覚や感情を十分に表現して生きる喜びを感じることができます。

気づきが深まると、人生の最後をきっちりと認め、それまでに自分がなすべきこと、こうありたいという方向に生き方を変革していく勇気をもち、具体的に行動することができます。行動変革のためのエネルギーが湧き上がってきます。

また、自己への理解が深まると、他人を理解し尊重することができます。それゆえに、他人とのかかわり合いもより親密さを増してきます。

私たちは自分を理解する以上には、他人を理解することはできません。自分を理解しないで、相手を知ろうとすると偏見をもったり誤解を生んだりしがちですが、自分を理解していくと他人は自分を映し出す鏡として捉えることができます。

いま自分が抱えている問題を解決し、さらに自分自身を変えて、成長するためには、自己への"気づき"と"理解"が必要なのです。自分を理解することは同時に、他人を理解することでもあり、

さらに他人とのかかわり合いの中から、他人という鏡を通じて自己への理解を増していくことができるのです。

②自発性の能力を高める

自発性の能力とは、自分自身で主体的に適切な意思決定のできる能力をいいます。自発的な人とは、ただ単に自分の運命のなりゆきに身を任せるのではなく、自分の潜在能力や可能性に目的をもった方向づけを与えて、生きていくことのできる人です。

新しい状況に直面したときに、前もって教えられたり、設定されたりした生き方や行動しかとれないというのでは、自発性があるとはいえません。

考えられる限りの可能性の中から、もっとも適切な方法を自分自身で選択し、決心して、それを実際に行動に活かしてこそ自発性があるといえます。

自発性とは、「自分のしたいこと」を自分で意思決定し、自分で責任を負うことですが、それは、他人の犠牲の上に成り立つものではありません。

③親密性の能力を高める

親密性とは愛情と信頼にもとづく真実のふれあいで、"私の存在も、あなたの存在も互いに認め合って生きる真実のふれあいの状態"をいいます。

真実のふれあいは、あたたかくやすらぎがあり、とても居心地のよいものです。親密な間柄では、他人を自分の目的のための手段にしたり、操作したり、軽視することはありません。自分にも他人にも肯定的な態度をとり、お互いにすべての人は固有の価値と尊厳をもっていることを理解しています。

親密性を高め、真実のふれあいをするためには、まず自分から心を開いて、自分の仮面を捨てる勇気が必要です。

自分を覆っているいくつもの仮面を捨て去り、心を開いていけば、他人とイキイキとした交流をすることが可能になります。人と本当のかかわり合いをもち、他人に対する親密な想いを交換し合い、自分の中に湧き上がるあたたかさや優しさなどを大切なものと実感しながら生きていくのは素晴らしいことであり、人生の目的のひとつともいえます。

4 ▶ TAの哲学

TAは、以下のような3つの哲学的前提にもとづいています。

①人は誰でもOKである（第5章参照）

TAの心理療法上の前提は、「人は誰でも生まれてきたときは"王子様、王女様"として生まれてくる」ということです。そして魔女に出会ってカエルに変えられたとしても、いずれまた本物のストロークによって王子様、王女様になることができるのです。

②誰もが考える能力をもっている

TAでは、本来、すべての人の中にパワー（治る力、考える力）があると考えます。

③人は自分の運命を決め、その決定は変えることができる

私たちは誰もが自分の思考、感情、行動に責任をもつことができる存在である、という考えに立っています。それは、自身の人生に責任をもって生きていけることを意味しています。

私たちがどのように生きるかという人生の脚本は、自分が決めたことで、自分が脚本を書いているということ。したがって、変更したいときはいつでも自分の力で、自分の手でその脚本を書き変えることができるのです。

5 ▶ 人材育成や組織開発とＴＡ

ＴＡは、とても汎用性があります。そのため、多くのマネジメント教育に用いることができます。ＴＡの各概念が、組織の中でどのように役立つかについて、以下にいくつかの観点をご紹介します。ここに挙げた以外にも、ＣＳやホスピタリティにはストロークを、接遇マナーでは自我状態分析や、やりとり分析を応用し、研修で役立てることができます。第８章に、筆者が主宰するライフデザイン研究所で行ったＴＡを取り入れた研修プログラムの一例を紹介していますので、参考にしてください。

キャリア開発に活かす"自律性"

ここ数年、キャリア開発が脚光を浴びています。筆者のもとにもＴＡやメンタルヘルスと並び最も依頼が多い研修テーマです。

私らしく生きたいとだれしもが願いますが、自分がわからなければ自分らしく生きようがありません。

ドイツの社会心理学者エーリッヒ・フロムは、「人生におけるもっとも大きな仕事は、人が自分自身に誕生を与えることであり、自分の内にある可能性を実現させることである。人間が努力してつくりあげるもっとも重要な労作は、自分自身のパーソナリティの形成である」といいました。

筆者は、「キャリアとは、組織と個人のかかわりの中で、自己の存在意義を確立するプロセスのことであり、自己選択、自己決定、自己責任を原則とし、自らを自律的な存在として活かしきること」と定義しています。また、キャリアをデザインするとは、「個人の現在から将来のキャリア生活において、満足感、納得感、自己効力感を高めるために、現実と自己概念の統合を図り、自分なりのシナリオに落とし込んでいく作業」と捉えています。過去にはヒント（宝の山）が隠されており、未来をデザインするためには、丁寧に過去の物語をひもといていく作業が重要となります。

先に触れたＴＡの２つの基本的前提と４つの自己分析は、未来への鉱脈を探すための第一歩となりえます。

Transactional Analysis

リーダーシップ開発に活かす"自己変革"

　リーダーシップ研究の第一人者であるウォレン・ベニスが「多くの組織が抱える問題は、管理の過剰とリーダーシップの欠如である。マネジャーはものごとを正しく行う人であり、リーダーは正しいものごとを行う人である」と述べてから、かなりの月日が経過しました。

　リーダーシップの欠如が問われ、各企業はリーダーの育成に懸命です。専門家の間でも、この間、いろいろなリーダーシップ論が語られていますが、リーダーの育成法に一定の回答が出ていません。

　弊所では、5種類のリーダーシップ研修を準備し、クライエント企業の要望にそうようにアレンジしていますが、筆者は、リーダーシップとは、心からの賛同をもって参加してくれる部下、つまり自分のファンを増やすことであり、夢中になって取り組んでくれる人を部下にもち、また部下をそのような気持ちにさせることができれば、最高のエネルギーを結集することができ、「リーダーシップを発揮することとは、フォロワー（部下）がもともともっているリーダーシップを目覚めさせること」ではないかと考えています。

　ウォレン・ベニスは、「リーダーは、人々が自分たちを重要な存在と受け止め、そして学習と能力が重要視され、仕事が楽しく感じられる、そうした社会、チームのメンバーであるように思えるような環境を作って組織を強化すべきだ」と述べ、また、「リーダーは、質が問題にされ、仕事への没入・献身が、努力を促すような環境を創り出すべきだ」ともいっています。リーダーシップは、リーダーの生き方のあらわれであると捉え、その生き方を見つめること、見つめ直すこと（自己変革）がリーダー育成の根底にあると思うのです。

　その意味で、ＴＡをベースとした研修は、リーダーの育成が叫ばれている現代にマッチしているように思います。

　ピーター・ドラッカーの「もはや組織は、権力によって成立しません。信頼によって成立します。信頼とは相互理解なのです」という言葉も、同様のことを言い表しています。

> "コミュニケーションの質が高まると生き方の質が高まる
> 生き方の質が高まるとリーダーシップの質が高まる"

メンタルヘルスの一次予防に活かす "ストローク＆自己変革"

　激変するビジネス環境では、ストレス要因が増大し、うつ病や職場不適応など、さまざまなメンタルヘルス不調への対応が求められています。

　従業員の心の問題に対して、メンタルヘルス対策が十分でない場合、ストレスが原因による長期休職、ミスやトラブルによる能率低下、遅刻や欠勤による業務効率の低下などが顕在化し、組織の

生産性の低下に発展しかねません。

　製造現場などでは、ミスや事故が起こらないように、機械へまめに油を差したり磨いたり、メンテナンスを欠かしません。また、不具合が起きると、早急に問題解決対策に着手します。ところが企業・組織において、もっとも大切な「人」に関して、どれだけ健康状態を悪化させないように日々、予防のための努力がなされているでしょうか？　うつ病などの心の病気が年々増えている現実に対して、事前に問題の発生を防ぐための健康な職場づくりに、どれだけ真剣に取り組んでいるでしょうか？

　メンタルヘルスの対象は、個人に限定するのではなく、組織に比重をかける必要に迫られています。なぜならば、組織におけるメンタル不調者や自殺者の発生は、特定の個人だけでなく組織自体に深刻な問題が内在していることを示すからです。健康な個人なくして健康な職場は成立しないとともに、健康な職場なくして個人の健康は成立しないのです。

　弊所では、人材開発（研修セミナー）、心理＆キャリアカウンセリング、組織開発（経営コンサルティング）、ＥＡＰ（メンタルヘルス）の４つを軸としていますが、メンタルヘルスの講演や風通しのよい職場づくり（組織開発）でも、ＴＡを用いる機会が多くあります。

　特に、ストロークの概念を職場に広めることは、健康な職場づくりをするにあたり、最少の投資で最大の成果が得られると実感しています。また、エゴグラム（p19参照）による自己理解、自己変革は、セルフケアとして大変有効なアプローチであると確信しています。

ポジティブ心理学とＴＡ

　ポジティブ心理学とは、「よい生き方」について科学的に探究し、その実現に向けて心理学的介入を試みていく学問で、今、世界で注目を集めています。これは、1998年に当時の米国心理学会会長であったペンシルベニア大学のマーティン・セリグマン博士が提唱したものです。

　従来の心理学が負のギャップに関する問題を専門にしてきたのに対し、ポジティブ心理学は、正のギャップ（例えば、個人レベルでは、いかに生きがいに満ちた生き方をするか、組織レベルでは、いかに組織を繁栄させるか）に焦点を当てていくアプローチをとります（図1-2）。

　ＴＡは、精神分析の口語版ともいわれ、負のギャップにフォーカスを当てる傾向をもちながらも、私たちの可能性の発揮や自律性に目的をもっています。特にストロークを用いた職場の活性化においては、問題のある職場にフォーカスを当てるのではなく、活性化している職場からヒントを得、全社にストロークを根ざしていく正のギャップへのアプローチが好ましい結果を出しています（ライフデザイン研究所開発「こころの健康診断」活用事例より）。

　その意味で、ＴＡはポジティブ心理学ではないものの、活かし方次第では、ポジティブ心理学同様、プラスの側面から個人の健康や組織の活性化へ役立てることができると考えています。

　"受講者の中にパワー（力・能力）がある" "人は誰でもＯＫである" "オープン・コミュニケーション" を図ることによって、正のギャップによるアプローチを促進できます。

　ピーター・ドラッカーは、「問題のみに目を向ける姿勢は、過去の悪しき習慣を復活させる行為

Transactional Analysis

	ネガティブな状態	標準	ポジティブな状態
個人レベル	病気	健康	生きがいに溢れる生き方
組織レベル	不健全	健全	繁栄
収益面	低収益	高収益	寛大
効率面	非効率	効率的	非凡
仕事の質	間違いが多い	信頼できる	非の打ちどころなし
倫理性	非倫理的	倫理的	高潔
関係性	摩擦が多い	良好	思いやりがある
適応性	恐怖による硬直	上手く対処	互いを活かし合う

負のギャップ　　正のギャップ

資料提供：ミシガン大学　K・キャロン博士，
宇野カオリ一部意訳・改変
(『PRESIDENT』2009年11.2号　p98より)

図1-2　ポジティブ心理学が対象とする領域

と等しいことを理解しておいてください。現在の日本で好調を維持しているのは、問題重視型ではなく機会重視型の企業です」と述べています。

結果の質は、関係（コミュニケーション）の質から

　ジョン・ネズビッツは、その名著『ハイテクハイタッチ』の中で、「技術が高度化すればするほど、それを維持する人間集団が必要になる。新技術の導入は、人と人との直接的接触、コミュニケーションの重要性をますます増大させてきている。業務が専門化すればするほど、それぞれの専門家と専門家をつなぐためのコミュニケーションが重要となる」と述べています。しかし、職場のコミュニケーションは希薄化、無関心化が加速しているのが実情です。

　MIT（マサチューセッツ工科大学）のダニエル・キム教授は、図1-3の通り、ビジネス活動の結果の質を高めるためには、関係の質を高めることであると説いており、職場におけるヒューマン・スキル（コミュニケーション・スキル）の重要性が再び叫ばれています。

　TAによる自我状態分析、やりとり分析、ゲーム分析、ストロークは対人関係をより円滑にすることができます。さらに、人生脚本分析はセルフイメージ（自己との関係）を肯定的なものへと変革する要素を備えており、関係の質を高めるためには絶好の研修材料であるといえます。

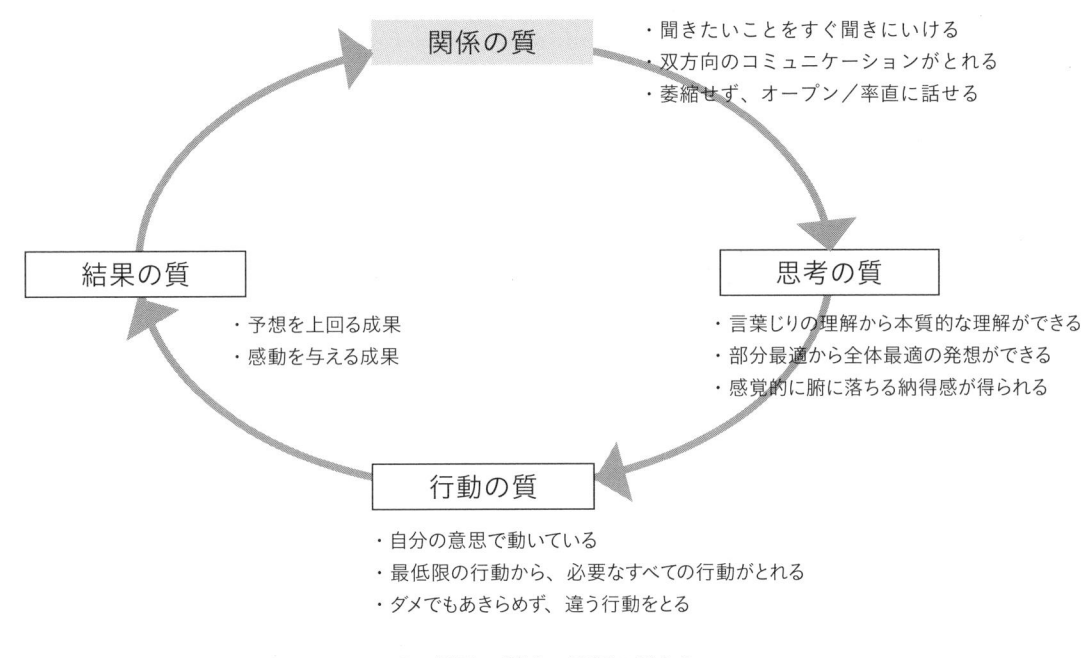

図 1-3　結果の質は、関係の質から

エンゲージメントを実現する"ストローク"

　ギャラップ社の調べで、エンゲージメントの高い従業員は、低い従業員に比べ1.7倍の経済生産性を上げていることがわかりました。

　エンゲージメントとは、個人と会社が対等な関係であり、かつ、お互いが心から惚れ合っている関係をいい、個人と会社の間の確固たる信頼関係を意味します。

　個人は会社に対して貢献することを約束し、会社は個人の貢献に対して報いることを約束します。その約束に相当するものがエンゲージメントであり、個人の会社に対する帰属意識として最上位と捉えることができます。エンゲージメントが高い多数の個人の存在は、少なくともその会社が、「人」という資産においては競争優位性を有している証といえます。

　今、組織と個人の関係は、これまでの相互拘束型の関係から、相互選択型の関係へと移行しています（図1-4）。組織の目標達成・成果追求と個人の欲求達成・精神充足が必ずしも一致せず、むしろ葛藤を起こしていることもあり、両者を有機的につなぐためにエンゲージメントは1つのキーワードであるといえるでしょう。

　多様な人々がイキイキと働くことができる組織、組織と個人が共に成長し合い、価値を高めていく関係が求められています。そのためには、私たちが組織に対して依存したり対立するのではな

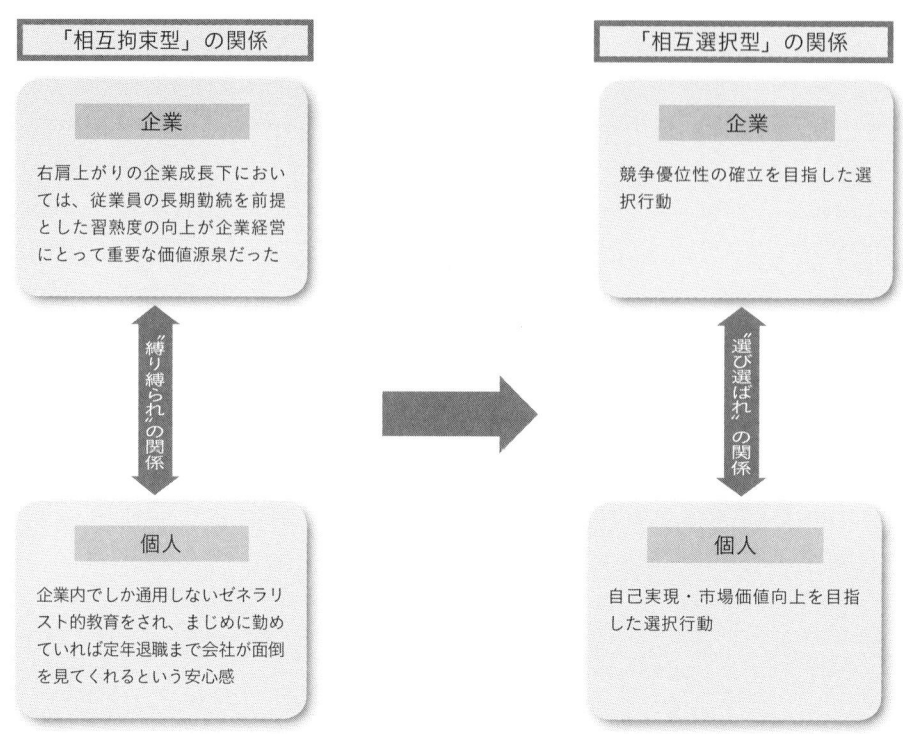

図 1-4 激変する企業と個人の関係性

く、組織と個人が一体となって双方の成長に貢献し合う相互依存・相互支援が必要となります。相互依存・相互支援の出発点は、私たち個人がしっかり自律することです。相互依存はお互いが自律した関係が前提となるからです。

　よって、ＴＡのねらいとする自律性を達成することはエンゲージメントを後押しし、ストロークによって互いが惚れ合う関係を構築するきっかけとなることでしょう。

6 ▶学習サイクルと内省的な学び

　学習サイクルには、"より活動的な側面"と"より内省的な側面"の2つの側面があります（図1-5）。つまり、学習は"行為と内省""活動と休止"の行き来によって成立し、そのどちらが欠けても学習は起きません。

　変化の激しいスピードの時代で、短期的な成果が求められる今、私たちは、"内省的な側面"を忘れがちです。また、上司も、"活動的な側面"にフォーカスしがちになります。しかし、継続的に学習し、自己の成長を図る上で"内省的な側面"を欠くことはできません。むしろ"内省的な側面"にこそ意識的に時間をかける必要があります。

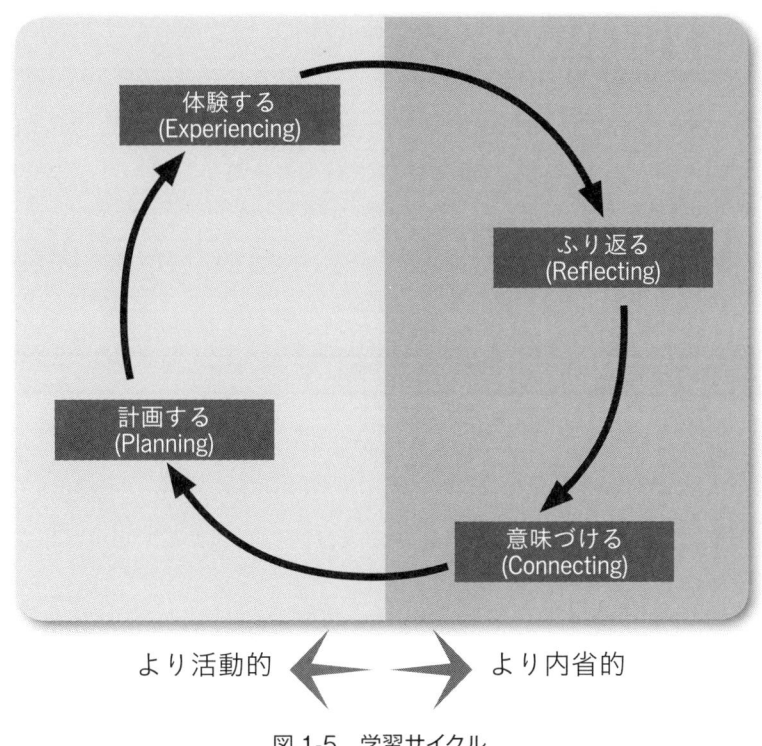

図 1-5　学習サイクル

　あのカリスマ的なＧＥのジャック・ウェルチをはじめ、上場企業の多くの経営者がカウンセラーやコーチを雇う目的は、一言でいえば自己内省だといわれています。内省することで気づきや自己理解（整理）がはじまり、新たな行動（決断）への弾みがつくのです。
　そのため、筆者は研修という短い時間においても、内省的な側面を大切にしています。

　以上のように、ＴＡは私たちの自律性を高めるための基本となる理論です。しかし、ＴＡは決して他人を変えたり操作するためのものではありません。あくまでもその対象は自己にあります。
　この理論が、真に受講者の役に立つかどうかは、ファシリテーター（講師／トレーナー）であるあなた自身の用い方にかかっています。
　ぜひ、ファシリテーター自身がＴＡを体感し、多くの"気づき"から、自身を"築き"あげ、その経験（実績）をもとにファシリテートしてください。
　本書のワークを用いる際は、人を操るテクニックとして用いるのではなく、まずＴＡが心理療法であることを念頭においてください。そして、ていねいにふり返りやまとめをしながら、意味づけ（価値づけ）をし、多くの"気づき"を交換し合える環境（空間）を演出していただけることを願っています。

Transactional Analysis

第2章
自我状態分析
—— 自分を知り、他者を知る

1 ▶ 性格のくせを知る

ある中堅規模の経営コンサルタントファームのオフィスでのシーンです。

切れ者と評判の石川マネジャーは、「朝を制する者は一日を制する。小さな積み重ねが大きな差になるんだ！」と今朝も早くから出勤しています。

〈シーン①〉
メンバーの上田君が眠そうな表情で出勤しました。
眉間にしわをよせながら、「上田！ 朝一番くらい、しっかりと明るくあいさつをせんか！ あいさつの"あ"は"明るく"の"あ"だろう！ 若者らしくさわやかにな！ ……お前のような若手が職場を活性化してくれると助かるんだぞ！ 期待してるぞ！」……と、厳しさの中にも部下への愛情が伝わり、朝からメンバーを叱咤激励しています。まるで親が子どもを諭しているかのようです。

〈シーン②〉
マネジャーよりも早く出社している前田さんが石川マネジャーに相談をしてきました。「マネジャー、相談があるんですが、お時間よろしいでしょうか？」
「クライアントのA商事の業績がこのところ前年比95％で推移していまして、私の支援不足もあり、なかなか回復する見込みが立たないのです。私とし

ては、トップの方針がまだまだ全社員に行き届いてなくて、全社ばらばらに動いている感じがしているのですが」
「そうかぁ、全社のベクトルが合致せず、ばらばらに動いているというのは何からそう感じたのかな？ 具体的に聞かせてくれないか」と、部下からの相談に冷静になって客観的な事実をつかもうと質問しています。

〈シーン③〉
　始業時刻を過ぎたころ、同期の伊藤さんから電話がかかりました。
　伊藤さんから、今夜、久しぶりに一杯やろうと誘われているようです。
　「おぉイイね。かっちゃん（伊藤さんの呼び名）とは久しぶりだし、なんだか待ちきれないなぁ！ところで、今夜はどこへ行く？ そういえば、俺、いい飲み屋を見つけたんだよね！」と、まるで子どもの遠足の前日のようにウキウキ、ワクワクしながら会話をしています。

自我状態分析——心の5チャンネルとは

　ＴＡの創始者エリック・バーンは、治療の現場（グループセラピー）で、クライエントの一人ひとりを観察していると、その時々のシーンで、いくつかの違ったふるまいをしていることに気づきました。あるときは冷静な態度で接していると思えば、次の瞬間に子どもっぽく笑ってみたり、また、厳しい表情で他人を否定してみたり……と。
　そこで、バーンは、「これが自分である」というものを"自我の状態（Ego State）"または、"自我状態"と呼びました。
　バーンによると、自我状態は3つの構造（Parent、Adult、Child）で成り立っています。バーンは、心のエネルギーがひとつの自我状態に集中すると、別人のように見せることに気づき、これを"構造分析"と呼びました。
　さらに、他人とのやりとり（はたらき）の過程では、5つに分かれることを発見し、これを"機能分析"と名づけました。筆者は、"心の5チャンネル"と呼んでいます。
　ＴＡでは、構造分析と機能分析を合わせて、自我状態分析と名づけ、"自分を知り、他人を知る"ための方法として、とても親しみやすく、わかりやすくまとめられています。

Transactional Analysis

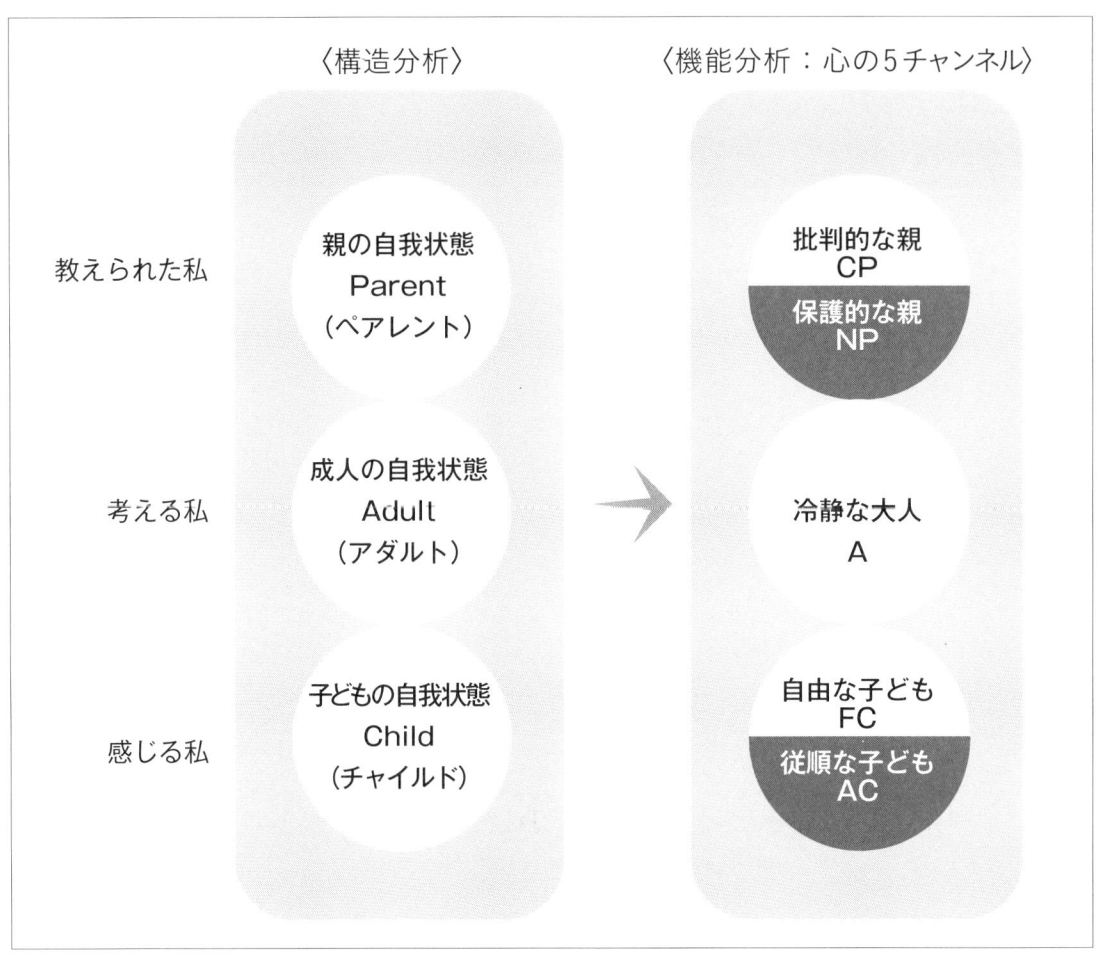

図 2-1 自我状態分析

自我状態分析（構造分析＆機能分析）

　Parent の自我状態（以下、"ペアレント"）は、〈シーン①〉のように、私たちが子どものとき、**親がよくやった行動パターンや感情を取り入れて、同じようにふるまう状態**です。声の調子や表情などを通して非言語的に親から伝えられるものにはじまり、子どもが言葉を理解できるようになると、親が信じている規律や規則などを取り入れます。"ペアレント"には、厳格で規律を重んじる批判的、決めつけ的な面と、愛情や思いやりをもった保護的、養育的な面があります。

　Adult の自我状態（以下、"アダルト"）は、〈シーン②〉のように、**冷静に判断する成人としての状態**で、現実をありのままに見つめ、見通しや計画を立て、物事や問題に対し適切に対処しようとします。

　Child の自我状態（以下、"チャイルド"）は、〈シーン③〉のように、**子どものときの感情的体験が、そのままよみがえって再現されるような状態**で、天真爛漫に喜怒哀楽を表現したり、自己中心的な

反抗をしたり、依存したり、閉じこもったりします。

心の5チャンネル（機能分析）

"ペアレント"の自我状態とは──"批判的ペアレント"と"保護的ペアレント"

　"ペアレント"とは、私たちの心の中に潜んでいる両親、またはそれに代わる保護者の姿です。

　私たちの親は、かつて子どもだった私たちに、幼いころからその行動に制限を加えたり、批判したり、忠告することによって、私たちをしつけ、同時に私たちを愛し、励まし、慰めながら、育ててくれました。また、私たちは、親の意識的な言動ばかりでなく、「子どもは親の背中を見て育つ」というように親が無意識にやっていることも含めて、それらを自我の中に取り入れて成長してきたのです。

　"ペアレント"は、対人関係の場面で、二つの面に分かれます。

　二つの面のうち、"批判的ペアレント（Critical Parent）"（以下、ＣＰ）は、叱られたり、しつけられることによって形成されます。今の私たちにとってどのような働きをするかというと、広い意味では、社会的習慣や文化、伝統を保持し、伝えるという要素があります。また、個人的な要素では、良心の役割を果たし、自分の行動をチェックする機能を果たしたり、秩序や規律を守ったり、自分の行動をコントロールする大事なものです。

　一方の"保護的ペアレント（Nurturing Parent）"（以下、ＮＰ）は、ほめられたり、はげまされたりすることによって形成されるものです。人を愛し、思いやりをもち、世話をしたり、激励したりすることで、私たちの人格形成の基盤となる基本的信頼感を育て、人間の成長を促す働きがあります。

　〈シーン①〉の石川マネジャーが上田君を叱っているところはＣＰといえます。その後、「期待してるんだぞ！」「助かるんだぞ！」という箇所では、ＮＰにチャンネルが切り替わっています。

冷静で合理的な"アダルト"

　"アダルト（Adult）"は、私たちの中に備わっているコンピュータといえます。主な働きは、事実に即したデータを収集し、それらを整理統合して、最終的な行動に移せるかどうかを推定することです。このデータは、そのままで用いられることもあれば、過去の知識や経験に照らされて評価、修正されることもあります。〈シーン②〉の石川マネジャーは前田さんに対して、"アダルト"でかかわっています。

　私たちは、生後10カ月くらいになると、簡単な言葉であれば意味を理解できるようになり、自分の周囲にある物を動かしたり、自分の体を移動させられることを知ります。そして、自分の意識で何かをすることができることに気づくようになります。この体験が"アダルト"のはじまりで、思考力が増すにつれて"アダルト"もだんだん強力になっていきます。

　このように、"アダルト"は理性と深く関係して生き抜こうとする働きや生産的な営みなどを司ります。

Transactional Analysis

　"アダルト"は、"ペアレント"や"チャイルド"が過去のデータで働くのに対して、"今ここ"でのデータによって働きます。そして、"ペアレント"や"チャイルド"のもっている過去のデータが、"今ここ"でのデータに照らし合わせて、適切なものかどうか調べているのです。"アダルト"は衝動的に反応しようとする"ペアレント"や"チャイルド"を抑えて、適切でないときには、"ペアレント"や"チャイルド"の反応をコントロールする力をもっています。

"チャイルド"の自我状態とは──"自由奔放なチャイルド"と"順応のチャイルド"

　"チャイルド"は、"自由のチャイルド（Free Child）"と"順応のチャイルド（Adapted Child）"の2つの機能に分かれます。

　"自由のチャイルド"（以下、FC）は、親のしつけなどの影響が最小限にとどまり、もって生まれた自然な姿に近いかたちにふるまいます。本能的、自己中心的、衝動的であるとともに、好奇心にも満ちています。法律や道徳など、社会的な現実を考えることをせず、即座に快楽を求め、不快や苦痛を避ける傾向があります。〈シーン③〉の伊藤さんからの電話に対し、石川マネジャーはFCいっぱいで応対しています。

　また、直観力、空想力もFCに属しますが、これが強すぎると、本能的な感情にブレーキをかけることができずに、親や上司に暴言を吐くようなことにもなります。

　一方の"順応のチャイルド"（以下、AC）は、子どもが大人に成長する過程で、親の影響を強く受けて形づくられた部分のことです。これには、両親の愛情を失わないために、その期待に添おうとして行使されたさまざまな行動パターンが含まれます。合理的にうまく順応したACは、対人関係の適切な対応を覚えて、理想的な"ペアレント"へと発展しますが、FCを犠牲にしイキイキとした感情を抑圧した場合は、自主性がなく、消極的、閉鎖的、萎縮した態度をとり、言い訳がましい性格として表れることがあります。

　以上5つのチャンネルは、どれが良く、どれが悪いというものではありません。それぞれのチャンネルに長所もあれば、短所もあるのです。

特別
ワーク

心理検査TEG*でエゴグラムをつくってみよう

　構造分析や機能分析への関心を惹きつけたら、TEGを実施してみましょう。質問項目に回答をし、エゴグラムを完成させ、図2-2：エゴグラム・パターンと表2-1：5チャンネルを見分けるポイントを見ながら、1チャンネルずつていねいに解説します。

　エゴグラムの読み方はパターンで読むやり方、そうでないやり方といろいろありますが、ここでは初心者にもわかりやすいパターン読みを取り上げます。ただし、パターン読みを利用する際は、「こうであれば必ずこう」というラベリングにつながる危険性があることに注意してください。また、11パターンを取り上げていますが、これに必ずしもあてはまりませんし、書籍によって紹介しているパターン数が異なります。

　表2-2では、5チャンネルの肯定的要素と否定的要素をまとめましたので、参考にしてください。

　TEGに代表されるエゴグラム検査を実施することは、受講者が自我状態への理解を深めるために役立ちます。先入観が入らないようにするために、自我状態の詳しい説明の前にエゴグラム検査を実施することをおすすめします。

　これから紹介するワーク1～5は、事前にTEGを実施していることを前提としています。

> ＊TEG（東大式エゴグラム）は、東京大学医学部心療内科が開発したエゴグラムで、金子書房が発行しています。シンプルな問いに答えることにより、自分のパーソナリティを理解することができ、自分の生き方をより豊かにしていくためのヒントが得られます。
> 　お問い合わせ先：(株)金子書房　〒112-0012　東京都文京区大塚3-3-7　TEL：03-3941-0111（代表）
> 　　　　　　　　　http://www.kanekoshobo.co.jp/np/inner/1

Transactional Analysis

検査の結果（エゴグラム・パターン）の読み方

①「皆さんは理想のエゴグラムはあると思いますか？　それともないと思いますか？　もし、理想のパターンがあるとすれば、どのパターンだと思いますか？　グループで検討してください」と問いかけます。

● ●グループで考えることにより、それぞれのメンバーのいろいろな意見から学び合うことができます。「へぇ、そういうパターンが理想だと思うんだ」「なぜ、そのパターンが理想だと思うの？」と、グループ内でさまざまな意見が交わされます。他のメンバーからの意見を聞くことにより、自分の理想のパターンのヒントが得られることもあります。わずかな時間ですが、お互いでエゴグラムを学び合う瞬間を垣間見ることができます。

②少し時間をとったら、ファシリテーターは、「理想のパターンはありません。みなが同じにならなければいけないとしたら、個性がなくなってしまいます。また、ひとつのところを長所からも解釈できますし、短所からも解釈できるので、それぞれのパターンにも良い面と悪い面、両方の意味が含まれています」と解説します。

③「では、バランス型の良い点はどのようなことでしょうか？　そして、悪い点はどのようなことが考えられますか？」と質問し、ペアやグループで気軽に話し合います。話し合うことで、長所、短所の両面があることをお互いに養います。

④図2-2エゴグラム・パターンの説明を以下のように補足します。

エゴグラム・パターンと心的エネルギーの流れ

バランス型のＰＡＣを図解すると右のようになります。

エゴグラムが左下のパターンのような状態は、右下図のようになります。

この状態のとき、心的エネルギーの流れは、膜（網かけ部分）の薄いＰにエネルギーが注入され、外界（他者）との接点はＰで機能するようになります。このように心的エネルギーが流れ、発動する状態をＣＡＴＨＥＸＩＳ（カセキシス）といい、この場合は外界（他者）との接触はＰが働きやすく、他の自我状態の働きは低くなります。外界（他者）からの働きかけ（刺激）はＰで受けとめ、Ｐで外界（他者）へ反応することが最も大きな比重を占めています。ＡやＣは機能しにくい状態です。

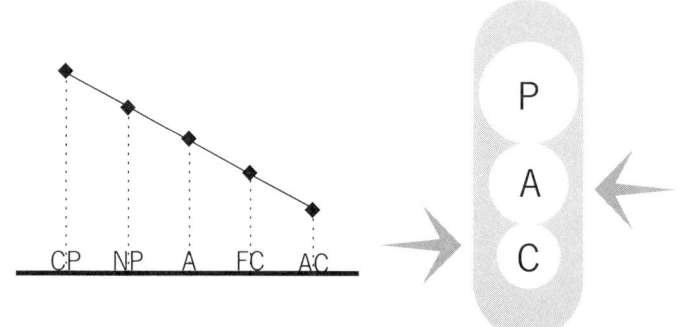

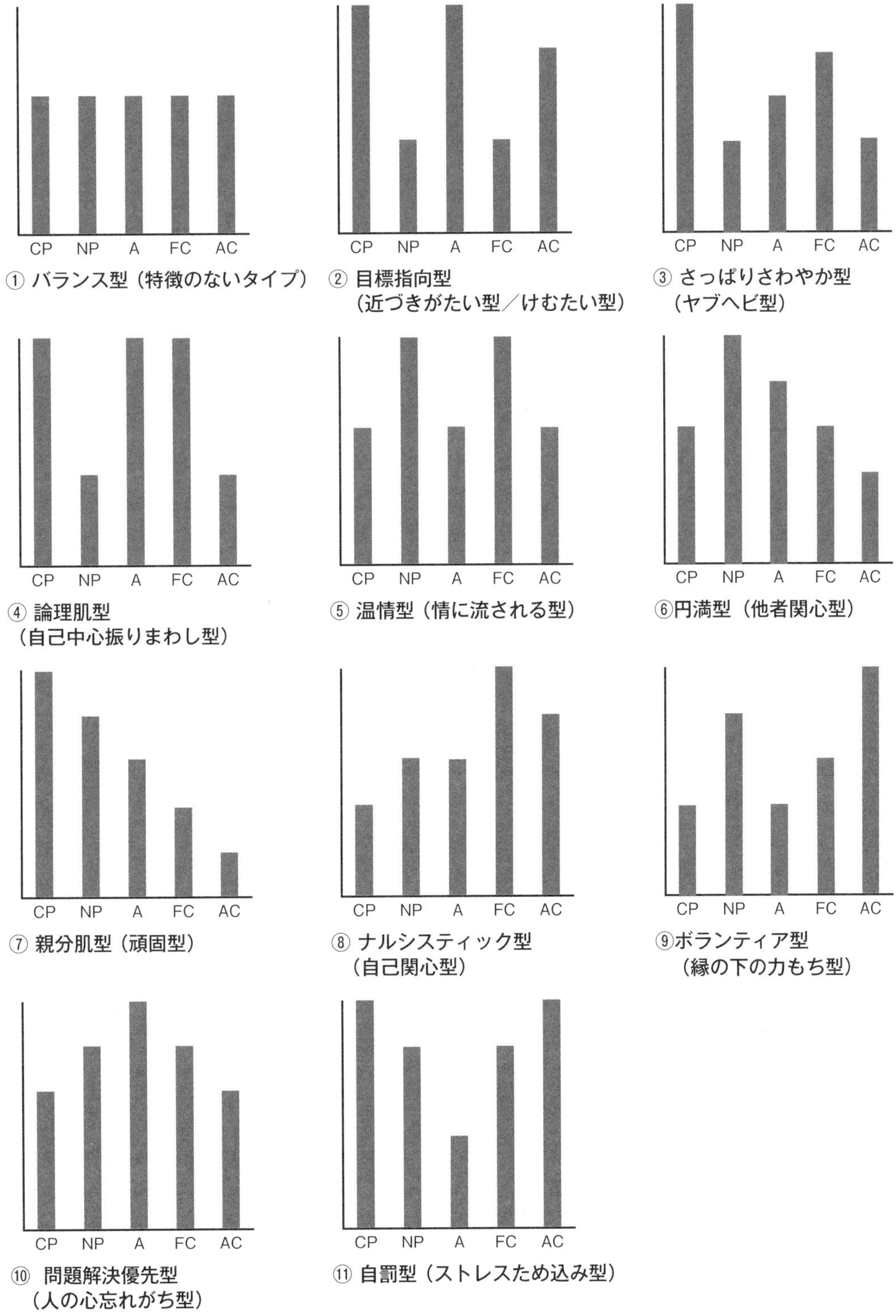

第 2 章 自我状態分析——自分を知り、他者を知る

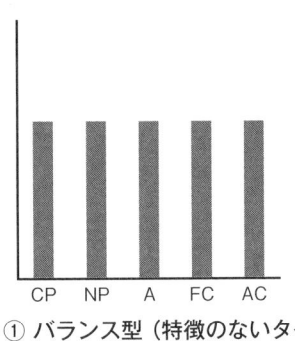

① バランス型（特徴のないタイプ）　② 目標指向型（近づきがたい型／けむたい型）　③ さっぱりさわやか型（ヤブヘビ型）

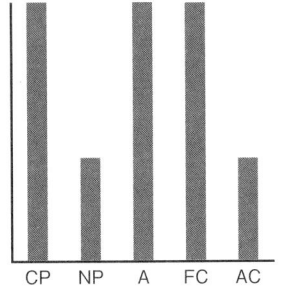 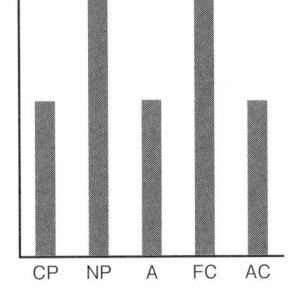 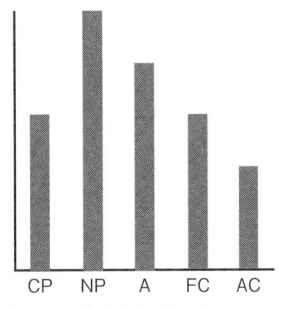

④ 論理肌型（自己中心振りまわし型）　⑤ 温情型（情に流される型）　⑥ 円満型（他者関心型）

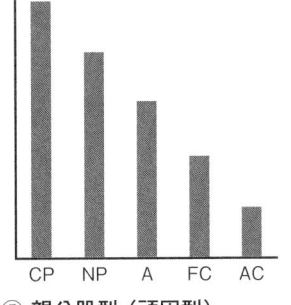 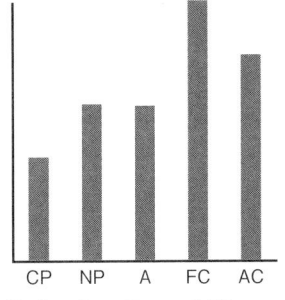 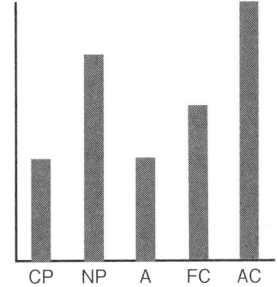

⑦ 親分肌型（頑固型）　⑧ ナルシスティック型（自己関心型）　⑨ ボランティア型（縁の下の力もち型）

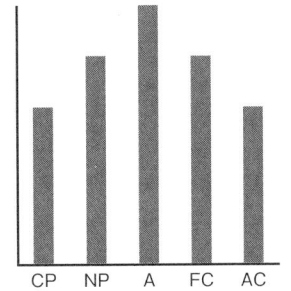 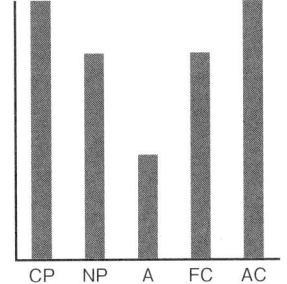

⑩ 問題解決優先型（人の心忘れがち型）　⑪ 自罰型（ストレスため込み型）

図 2-2 エゴグラム・パターン

Transactional Analysis

> エゴグラム・パターン（図2-2）の解説

パターン① バランス型（特徴のないタイプ）

このタイプは、個を確立している外側の膜は同じ厚さであり、外界（他者）からの働きかけ（刺激）は必要なところへ伝達され、必要なところから外界に対応することができます。このことから「バランス型」という名称をつけました。

どのチャンネルも同じように機能するので、どのような状況でも比較的対応できるマルチなタイプです。しかし、どのチャンネルが高い（低い）といった特徴がなく、個性に乏しいタイプともいえます。

パターン② 目標指向型（近づきがたい型／けむたい型）

ＣＰが高く、成すべきことは成し、職場規律を守り、目標に向けて持続的エネルギーが高い傾向があります。また、ビジネスのチャンネルといわれるＡの機能が高いことから効果的意思決定、問題解決が実行されます。この２つがあいまってパフォーマンス指向の高い管理職に多いタイプです。ただし、ＮＰとＦＣが低いため人との交流が苦手であり、個人的な話題には触れず、優しさに欠ける面があります。リーダーとしては口やかましく、部下をコントロールしがちですが、上司には従順な傾向があります。

米国では、"オーバーの衿の高いタイプ"といわれ、外界との接点が少々とりにくいタイプといわれています。

パターン③ 竹を割ったような気性のタイプで、さっぱりさわやか型（ヤブヘビ型）

過去はふり返らない傾向があり、あきらめ、割り切りのよい傾向があります。ＣＰが高く、物の見方・考え方が批判的で厳しく、かつＦＣが高いため、エネルギーが高く、他人や状況を気にかけないところがあります。相手が誰であろうと、どのような状況であろうと、自分の言いたいことを自由に言ってしまうところがあり、その意味で「ヤブヘビ型」とも表現します。

このタイプは厳格な父親か、男勝りの母親をモデルとして性格を形成していることが多く、強い信念と達成欲をもっているのでリーダーになると強引に部下を引っ張っていこうとし、部下はイエスマンを強いられます。

パターン④ 論理肌型（自己中心振りまわし型）

ＣＰが高いため、成すべきことを成す責任感が強く、Ａも高いので論理にも優れ、ＦＣによる心的エネルギーも高いので、集団の中に入るとすぐにリーダーシップをとるタイプです。しかし、ＣＰとＦＣが高いことから独善的になりやすい傾向があります。

パターン③にもいえることですが、コツコツと同じ仕事をこなすよりも、他人がやりたがらないような仕事を好んで成果を出すことに意欲を示すことがあります。

筆者が経営コンサルティング（組織開発）をしている際、このエゴグラム・パターンをもつ営業マネジャーを中国市場開拓の担当者に指名したところ、未開の地へ意気揚々と乗り込み、どんどんと市場を切り開き、いまでは取締役営業部長になっています。中国へ赴任を言い渡す際も、「そりゃ、私しかいないでしょう！」と自信満々で、引き受けてくださったことが今も鮮明に蘇ります。

パターン⑤ 温情型（情に流される型）

ＮＰが高いため、他者への優しさ、思いやりがあり、ＦＣが高いので朗らかで活動的です。したがって活性化集団のリーダーとしては適任のタイプです。

陽気で明るく、困っている人を見ると同情せずにはいられません。このタイプのリーダーの下では部下はのびのびと自由にできるのでチームは開放的な雰囲気で何でも言い合え、生産性も高いといえます。しかし、Ａが低いので、状況適応力に欠け、感情や気分に流されやすく、問題解決力は低下します。

パターン⑥ 円満型（他者関心型）

グラフがひらがなの「へ」の字になることから、「への字型」ともいわれます。

"和""思いやり"を重んじる日本の文化習慣では、比較的、対人関係のトラブルの少ないタイプで、円満型と表現しました。日本においては、健康的で適応性の高いタイプだと考えられています。

人には親切で面倒見がよく、自分の意見は穏やかに伝えます。アサーティブ（自分も大切にして、相手も大切にするコミュニケーション）なかかわりができるため、建設的な協力関係を構築するのが上手だといえます。

敵をつくることなく、人望で周囲を惹きつけます。

パターン⑦ 親分肌型（頑固型）

ＣＰ、ＮＰともに他者に関心をもつ度合が高い自我状態で、親分肌の傾向をもちます。

周囲に対して厳しい面を発揮しますが、自分の部下や立場の弱い人や困っている人たちの面倒見はよい方です。

派閥のリーダーに多く、力でグイグイと引っ張っていき、完璧を要求するので、反発を買いやすく、人間関係がギクシャクすることも少なくありません。

理想が高く独善的な親分肌といえ、イライラして怒りっぽいことがあります。自分の意にそわないことをすると、とたんに怒り出します。

パターン⑧ ナルシスティック型（自己関心型）

自分に関心をもつことの度合が高い自我状態であり、ＦＣ、ＡＣいずれも高く他人のことよりも自分を中心に置きがちな思考や行動をとるタイプです。

明るくて楽しい面を備えており、岡本太郎さんやエジソンなど、芸術家や発明家、芸能人などに

見られます。
　関心が自分中心になるため、明るくて場を和ませてくれる存在でありながら、ときに周囲への配慮が欠け、周りを困らせることがあります。本人は、このことを自覚していない場合があり、反省の色が見えず、周囲が振りまわされます。

パターン⑨ ボランティア型（縁の下の力もち型）
　ＮＰが高く、思いやりがあり、他人の面倒見がよく、気配りがあり、ＡＣが高いので、頼まれると決して"ＮＯ"と言えない、人に追従する傾向があります。自分のことよりも他人のことに一生懸命になれる人で、「滅私奉公型」ともいわれています。
　リーダーとしては、穏やかにチームをまとめていきます。ＣＰやＡが低いため決断力に欠け、優柔不断でメンバーからは頼りない上司として映ることもあります。自分ひとりで問題を抱え込み、メンバーを育てられない人という印象を与えがちです。
　ビジョンを示し、部下を巻き込むことが求められがちな現代、このタイプのリーダーには、自己変革を求められることもあるでしょう。

パターン⑩ 問題解決優先型（人の心忘れがち型）
　合理性や生産性を重視するアメリカ人の平均パターンといわれていますが、一見クールで、ときには冷たく感じられるため、日本人としては、やや冷たい感じを受けるタイプだといえます。
　"ダメなものはダメ！"という、あくまでもデータ（事実）にもとづいて判断をし、結論を出します。したがって、"情状酌量"というところはありません。
　会議やディスカッションなどで熱くなることが少なく、冷静に周囲を観察していたり、データ（事実）を集めて冷静に分析するなど、ビジネスライク的な言動に終始します。

パターン⑪ 自罰型（ストレスため込み型）
　ＣＰとＡＣが高いため、物の見方・考え方が批判的で厳しく、かつ心的エネルギーは、ＡＣによって自分の中にあるものを外界に出さず内に秘め、がまんする傾向があります。そのために多くの場合、問題が生じると、自分が悪いと感じやすく、ストレスをため込む傾向があります。
　典型的なＶ型で、ＣＰとＡＣにより葛藤しやすい傾向にあります。Ａが低く、問題をよく検討して考えることが苦手で、いざというときに適切な判断ができず、その場しのぎの対処になりがちで、パニックに陥ることもあります。
　他人に対して厳しく、怒りや不満を抱えているのに、それを口に出して伝えることができず、グッとこらえて、我慢をします。

表2-15 チャンネルを見分けるポイント

自我状態		メッセージ	態度・表情	相手が受ける感じ
P	CP 批判的 独断的 偏見的 威圧的 正義感 倫理的 善悪感	〜してはダメだ 〜すべきだ オレの言う通りにすればいいんだ！ 〜するのが当然である 認められん！ けしからん！	見下す 睨みつける 腕組み、足組み 忠告する 厳格・威厳を示す 眉間にしわ	見下されたように感じる 押えつけられたように感じる 恐ろしさを感じる 規律正しく感じる 頼りがいがある
	NP 保護的 支持的 受容的 支援的 心遣い 思いやり 甘やかし	〜してあげよう 良くできたなぁ 気をつけて だいぶ困っているようだな、なんとかしてやらなくちゃ うまくいって本当に良かった たいしたもんだよ	かわいがる 手を差しのべる 微笑みかける 同情の気持ちを表す 世話をやく 握手する	いたわりの気持ちを感じる 愛情を感じる あたたかさを感じる 支持されていると感じる 過保護（お節介）だと感じる
A	A 分析的 合理的 理性的 現実志向 客観的 打算的	とにかく事実を調べてみよう なぜそうなったのかな？ 原因は何だと思う？ 君の考えはどうなんだ？ 私の考えでは〜 5W3H（だれが・なぜ・どこで）	思慮深い ビジネスライク よく観察している 安定した気持ち 冷静な態度	安定した 情報収集・事実中心 冷静で、落ち着いた感じを受ける 客観的なものの見方を感じる 打算的だと感じる
C	FC 明るい 積極的 衝動的 創造的 直感的 ファジー 自己中心	さぁ、ひと仕事終わったぞ、一杯やるか！ 素晴らしい！ どうなってもいいや！ とても間に合わないや、だれか助けてぇ あれ面白そうだ	ユーモア・ユニーク ウキウキした行動 落ち着きがない 無邪気 天真爛漫 ふざける はしゃぐ	明るくのびのび 喜怒哀楽を直接的に感じる 小賢しい感じを受ける 感性・好奇心豊か
	AC 素直な 従順的 消極的 依存的 自己憐憫 反抗的	お世辞のひとつも言わなくちゃ 〜できません あぁぁ…とため息 少しも分かってくれない どうせ私なんか駄目なんです	自分の気持ちを抑えた行動 自信がなく遠慮がち うなだれる 人の顔色をうかがう ふくれっつら すねる	気持ちを抑えているように感じる おどおどしている おとなしく控えめな感じを受ける 同情を誘っているように感じる

Transactional Analysis

表2-2 5つのチャンネルの肯定的な要素と否定的な要素

← 自我が低いとき　　　　　　　　　　　　　　　　　　　自我が高いとき →

過少な状態		本来の働きをしている状態		過剰な状態
〔価値づけできない〕 ①自分から責任をとらない ②自分では決められない ③あいまいにしてしまう ④言われたまま鵜呑みにする ⑤ルーズでだらしがない ⑥叱らない（叱れない）	CP	〔価値づけている〕 ①規則やルールを遵守する ②伝統や慣習を尊重する ③経験を活かして実行する ④責任をとる ⑤間違いなく正しく教える ⑥善悪感・正義感をもつ	CP	〔価値を押しつける〕 ①自分の枠で干渉する ②独断的に事をすすめる ③決めつけたら後へ引かない ④こだわりつづける ⑤良いと思ったら押しつける ⑥甘えを許さない（威圧する）
〔思いやりがない〕 ①冷淡な態度をとる ②周囲の人に関心を示さない ③愛情がもてない ④冷たい感じがする ⑤相手への配慮がない ⑥微笑まない・閉鎖的	NP	〔思いやりがある〕 ①傾聴し共感する ②相手の気持ちを受け入れる ③相手の存在を認める ④励ましたり勇気づけをする ⑤相手を信頼する ⑥養育する	NP	〔思いやりが過剰〕 ①世話をやきすぎる ②黙認してしまう ③相手に過剰に期待する ④お節介をやきすぎる ⑤過保護となり甘やかす ⑥可愛がりすぎる（溺愛）
〔思考しない〕 ①現実認識に欠ける ②場当たり的に判断する ③計画を立てようとしない ④冷静に判断しない ⑤周囲の状況に無頓着 ⑥情報にうとい	A	〔思考する〕 ①現実を確かめる ②事実に基づいて判断する ③データの意味を読み取る ④計画的に思考する ⑤筋道を立てて考える ⑥公正な評価を下す	A	〔機械的に考える〕 ①損得を優先する（データ偏重） ②味もそっけもない（情のない） ③機械的に判断する ④頭でっかちで実が伴わない ⑤融通が効かない ⑥相手の話を打算的に考える
〔楽しめない〕 ①思ったように動けない ②感じたままを表現しない ③顔がこわばってしまう ④萎縮して行動しない ⑤気力が乏しい ⑥ものごとを楽しめない	FC	〔ありのまま〕 ①のびのびとして明るい ②興味・関心がある ③創造性（ユーモア）豊か ④やる気があり行動的 ⑤感性が豊か ⑥くったくなく開放的	FC	〔わがまま〕 ①いい加減 ②自己中心になる ③お調子者で、羽目を外す ④軽率なふるまい ⑤度を越し横柄な態度をとる ⑥わがままで迷惑をかける
〔合わせない〕 ①非協力的 ②意地を押し通す ③言いだしたらきかない ④人の言うことを聞かない ⑤てこでも動かない ⑥頑固にしている	AC	〔合わせる〕 ①周囲に協調的である ②相手と協力する ③相手の指示を素直に受ける ④他人に従順である ⑤波風を立てないようにする ⑥頼みを聞き入れる	AC	〔自分を抑える〕 ①依存心が強い ②がまんの反動が出る ③つまらないことに遠慮する ④すぐ妥協する（自分を責める） ⑤言われたことしかしない ⑥うらみがましい（反抗的）

自分の行動特徴を周りの人と比較する

ねらい

①同じ場面や状況でも、個々に感じ方・考え方・行動の仕方が異なることを理解します。
②イラストを用いた身近な事例について、ペアやグループでの会話を促すことで、交流（かかわり）の足掛かりとします。

●●研修の導入時によく行います。受講者の緊張感や抵抗感を軽減し、研修への興味を喚起しましょう。

進め方

①4つのケースを提示します。受講者にどのような状況なのかを説明しながらイラストを見せます（状況に応じてイラストを見せなくても結構です）。
②受講者が、このシーンの中の当事者または同僚だったら、どう対応をするか、考えてもらいます。言葉だけでなく、どのような口調、表情、態度でふるまうかをイメージしてもらいましょう。
③1～2分、イメージの時間をとった後、ペアやグループで、当事者や同僚になりきって、反応をシェア＊します。

＊シェアとは……正しくは、シェアリングですが、シェアという呼び名で浸透していることもあり、本書では、「シェア」を用います。シェアは、参加者相互の思考、感情、行動を共有する体験です。相互の話し合い、双方向の気づきの交流を通して、受講者間のもつ経験や気づきなどを共有します。そのことにより、各受講者が問題解決のヒントを得たり、相互の共感を共有することによって学びや動機づけを深めることを目的としています。

●●ファシリテーターが反応例 (p30～31) を読み上げて、「あなたはどの反応に近いですか？」と問いかけ、挙手を求める方法もあります。その際、各チャンネルの違いがはっきりと理解されるように、言葉だけでなく、非言語（イントネーションや表情など）を各チャンネルに合致させて読み上げましょう。
④全体でシェアします。

●●ファシリテーターは、③の会話に耳を傾け、全体シェアで指名する受講者を候補として選びます。候補者を選べなければ、はじめに発表してもらった反応と違う反応を"質問"によって引き出せばよいでしょう。例：「いまの○○さんの反応とは少し違う反応の方はいらっしゃいましたか？」
●●多くの人から反応をもらい、それぞれの受講者がそれぞれの反応をするという事実を引き出します。同じイラスト（シーン）を見ても、反応は"ひとそれぞれ"だということをシェアします。そうすることで、これ以降のワークとの関連性をもたせることが可能となります。

Transactional Analysis

> **ワークシート**　　自分の行動特徴を周りの人と比較する

ケース❶　社内で服装が気になる新入社員

入社したばかりの新入社員が派手な服装で出社しました。そこであなたは……

ケース❷　役員会でのプレゼンテーション

　あなたの仲間（同僚）が、役員会でプレゼンをしました。かなりの時間を要し、自信をもって挑んだ企画を役員全員に猛反対され落胆しています。そこであなたは……

ケース❸　コピー機の故障

　今は午前10時、あなたは、今日の15時から取引先のプレゼンに使用する資料を準備しようと焦っています。そんな中、コピー機が故障してしまい困っています。そこであなたは……

ケース❹　大手食品メーカーでのトラブル

　大手食品メーカーでの出来事です。製造過程で異物が混入し対策会議を開いています。
　部長から、「この問題に対処するのに、何かいいアイデアはないか？」と問いかけられています。そこであなたは……

Transactional Analysis

反応例

〈ケース①〉
CP：顔をしかめて「なんて軽率な格好だ！ 学校じゃないんだぞ！ ビジネスマンとしての自覚がなっとらん。人事はどんな面接採用をしているんだ！ けしからん！」と強い口調で非難する。
NP：心配した表情で、「あらあら、あんなに派手な洋服を着て、上司に怒られないといいけど……」
A：「今の若者には、あのような服装が当たり前なんだろうか……」と冷静に分析する。
FC：はしゃぎながら、「わぁ、なんて派手なんだろう！ 目立つなぁ！」と興味津々。
AC：周囲の顔色をうかがいながら、「知らないぞー、役員連中に叱られてもぉぉ……」と声を震わせる。

〈ケース②〉
CP：「うちの役員どもは頭が固いんだよ。自分の身を守ることで汲々としているから、新しいことなど実施する気などないんだよ！」と厳しい顔つきで言い放つ。
NP：「ずいぶん残業をして準備をしてきたのに残念だなぁ。おれは君の努力する姿をずっと見てきたから、きっとこの努力が次のチャンスに花咲くと思うよ」と肩に手を置く。
A：「君の企画のどこがどのように納得してもらえなかったんだろう。一緒にふり返って次に活かせる箇所を見出してみよう」と真剣な顔つきで語る。
FC：「まぁまぁ、そんなに落ち込むなよ。俺なんかは、月に１回はこてんぱんにやられてるよ。気にしない！ 気にしない！」と明るく言う。
AC：小声で「役員はいいよなぁ、反対ばかりしているだけで給料もらえるんだもんなぁ。こっちとしては、たまったもんじゃないよなぁ……」と、ひとり言のように言う。

〈ケース③〉
CP：「どうなってんだ！ この緊急なときに！ まったく役に立たないコピー機だ！ こんなコピー機に使用料を払う必要などないな！！」と、怒鳴る。
NP：「このままでは、先方の○○さんにコピーを依頼することになり、申し訳ないなぁ」と、お客様を労る。
A：「今日の午後一番に修理してもらえるかどうか調べてみよう」と落ち着いて対処する。
FC：「あーぁ、やってられないなぁ」と、コピー機を蹴ったり叩いたりする。
AC：「いったいどうなってるんだぁ、お客様に叱られちゃうよー」と、ため息まじりに言う。

〈ケース④〉

CP：「まったく、いつもいつも"いいアイデアないか"って言うばかりで、自分でいいアイデアの手本を1度でも披露したことがあるんかい！」と、腕組みをしながら反り返っている。
NP：「部長はだいぶ困っているようだなぁ、なんとかサポートしないとなぁ」と部長を思いやる。
A：「原因は○○なのですから、おのずと対策は◇◇が考えられると思いますが、いかがでしょうか」と、冷静に応対する。
FC：「むずかしいっすねぇ……」と、くったくのない表情を浮かべながら、頭をポリポリかいている。
AC：「部長をサポートしたいけど、こんな意見を言ったら、みんなに笑われるだろうなぁ」と、ひとり言を言いながら、意見を言うのを躊躇している。

　上記の〈反応例〉は、1つの例であり、たとえば「CPが働くと必ずそのように反応する」とは言い切れません。
　私たちは、その時々により、いろいろなチャンネルを出し入れしています。状況が変わると、まったく違う自分が顔を出すなど、反応はコロコロと変わります。"心はコロコロ変わるから心"という人がいるのもうなずけます。
　自我状態は、
　　・どのような状況で反応が起こっているのか
　　・どのような声の調子で反応が起こっているのか
　　・どのような態度、ジェスチャー、表情が反応とともにあらわれているか
　　・相手は、この反応に対してどのような反応をするか
　などを総合することにより判別できます。

ふり返り

①心の5チャンネルを表2-1を参考にして1チャンネルずつ解説します。
- 表2-1の"メッセージ"は、ファシリテーターが言い方を強調して読み上げると、よくわかるでしょう。
- 解説後、じっくりとグループで語り合う時間をとることをおすすめします。既にお互いがある程度知り合っていれば、自分への関心とともに、メンバーへの関心も増し、お互いへのフィードバックが自然と起こるからです。
- エゴグラム検査を実施した場合は、「みなさんのCPは高い位置にありますか？　それとも低い位置になりますか？　グループのメンバーの方々はどうですか？」などと、メンバーでお互いのエゴグラムを見せ合う関係性を促します。そうすると受講者から、「へぇー」「そうなんだぁ」「やっぱりなぁ」などといった反応が行きかい、さらにエゴグラムへの関心を高めることが可能となります。
チャンネルのそれぞれが高い低いというのは、得点ではなく、他のチャンネルと比べて高いか、低いか、また、Pでは厳しいCPと優しいNPのどちらが高いか、Cでは、自由奔放のFCタイプか、人に合

わせるＡＣタイプか……など、見方に関する理解を補足します。
- ●エゴグラムをより客観的に見てもらうために、「私たちはエネルギーの高いところで、人と接する傾向があります。みなさんの部下や後輩の立場から、みなさんのエゴグラムを見ると、どういったリーダー（上司）だと映るでしょうか？　ぜひ、部下や後輩の立場に立って、エゴグラムの傾向を読み取ってください」とコメントをするとよいでしょう。

②ワーク１における自分の反応は、心の５チャンネルのどれに近いか、考えてもらいます。
- ●心の５チャンネルを見分けるポイントは表2-1、表2-2を参考にしてもらうとよいでしょう。

③ファシリテーターがいくつかの態度を示し、「みなさんで私のチャンネルを当ててみてください。大袈裟にやりますからね」と、表情やからだをおおいに使いながら演じ、受講者にチャンネルを考えてもらいます。

④受講者の数名に参加してもらい、「次は○○さんのよくやる態度や表情をしていただき、そのチャンネルを当ててみましょう」と、受講者全体を巻き込みます。
- ●照れながらも積極的に参加してくれる"ＦＣの高い受講者"に協力してもらうのが望ましいでしょう。

ワーク2

心の5チャンネル　理解度テスト

ねらい

①それぞれの自我状態（チャンネル）の理解をより深める理解度テストです。
● このワークを実施すると、ワーク3、4におけるフィードバックがより適切にできるようになります。
②事前に「理解度テストを実施します」と伝えることで、良い意味での緊張感を維持する効果もあります。

進め方

①ワークシートを配布し、各自で問1から問21の文章に該当する自我状態（チャンネル）を記入してもらいます。
● 理解度テストですから、まずは受講者ひとりで実施し、その後、ペアやグループで解釈（意味づけ）を広げる手順をおすすめします。
②ペアもしくはグループで、ディスカッションし、解答を導き出してもらいます。
● 文字だけで判断し過ぎず、どうしてそのチャンネルを選択したのか、解釈（意味づけ）をお互いにシェアしながら進めてください。よって、答えは1つとは限りませんし、言い方などによれば、すべてが該当する問いもあります。
● 筆者は与えられた時間により、問1から問19までをペアで、問20と問21をグループで解答を導き出すなど、状況に応じてアレンジしています。
③ファシリテーターを中心に答え合わせをします。
● 問20と問21は全員に挙手してもらうと、笑いが起こったり、受講前と今との態度の違い（変化）が伝わり合い、よりポジティブな雰囲気になります。

Transactional Analysis

> **ワークシート**　心の５チャンネル　理解度テスト

次の各項目に該当する自我状態をそれぞれ記入してください。
　　"ペアレント"の自我状態 ——— ＣＰ（批判的Ｐ）・ＮＰ（保護的Ｐ）
　　"アダルト"の自我状態 ——— Ａ（冷静なＡ）
　　"チャイルド"の自我状態 ——— ＦＣ（自由のＣ）・ＡＣ（順応のＣ）

1. おひとよし ＿＿＿＿＿
2. 身を乗り出して話す ＿＿＿＿＿
3. すねる ＿＿＿＿＿
4. 安心させる ＿＿＿＿＿
5. 人の世話をしたがる ＿＿＿＿＿
6. 身勝手なふるまい ＿＿＿＿＿
7. 頼まれたら「いや」と言えない ＿＿＿＿＿
8. 小馬鹿にする ＿＿＿＿＿
9. 遠慮なく人にものを頼む ＿＿＿＿＿
10. 親分肌「心配せずに、私に任せなさい！」 ＿＿＿＿＿
11. "今ここ"に何が起こっているか観察する ＿＿＿＿＿
12. いたずらをする ＿＿＿＿＿
13. 変革の決意をする ＿＿＿＿＿
14. 自分はダメだときめこんで、閉じこもってしまう ＿＿＿＿＿
15. 目線が落ち着かない ＿＿＿＿＿
16. 反抗的 ＿＿＿＿＿
17. 素直に甘える ＿＿＿＿＿
18. じれったい ＿＿＿＿＿
19. いつ、誰が、どこでなどと質問する ＿＿＿＿＿
20. 受講前のあなた ＿＿＿＿＿
21. "今ここ"のあなた ＿＿＿＿＿

解答例

1. おひとよし　　　ＡＣ
2. 身を乗り出して話す　　　ＦＣ
3. すねる　　　ＡＣ
4. 安心させる　　　ＮＰ
5. 人の世話をしたがる　　　ＮＰ
6. 身勝手なふるまい　　　ＦＣ（ＣＰ）
7. 頼まれたら「いや」と言えない　　　ＡＣ
8. 小馬鹿にする　　　ＣＰ
9. 遠慮なく人にものを頼む　　　ＦＣ
10. 親分肌「心配せずに、私に任せなさい！」　　　ＣＰ（ＮＰ）
11. "今ここ"に何が起こっているか観察する　　　Ａ
12. いたずらをする　　　ＦＣ
13. 変革の決意をする　　　Ａ
14. 自分はダメだときめこんで、閉じこもってしまう　　　ＡＣ
15. 目線が落ち着かない　　　ＡＣ
16. 反抗的　　　ＡＣ
17. 素直に甘える　　　ＦＣ
18. じれったい　　　ＡＣ
19. いつ、誰が、どこでなどと質問する　　　Ａ
20. 受講前のあなた　　　＿＿＿＿＿
21. "今ここ"のあなた　　　＿＿＿＿＿

Transactional Analysis

ふり返り

①解答例を記しましたが、読み方や解釈によって正解は１つとは限りません。ファシリテーターの解答と受講者の解答が違っている場合や受講者同士の解答が違っている場合などは、どうしてそのような結論になったのかを全体でシェアしましょう。

②筆者の経験上、質問の多い問いについて以下のコメント例を参考に紹介します。

問７：ＡＣだけではなく、ＮＰも該当するのではという意見に対し、「『頼まれたらついやってあげる』と書かれていればＮＰが該当すると思いますが、断りたいのに断れず「いや」と言えないのであれば、ＡＣのみが正解でしょう」と返答しています。

問13：広く捉えれば、"アダルト"だけではなく、すべてのチャンネルが該当します。

「〜すべきだ」と"べき論"で、決意したのであれば"ＣＰ"

「〜してあげたい」「困っているから〜する」と援助的に決意したのであれば"ＮＰ"

「いまここで何が必要なのか」と冷静に"必要論的"な判断を下したのであれば"Ａ"

「〜したい」と衝動的に欲求から結論に至ったのであれば"ＦＣ"

「そんなに言われたら、仕方ない」と受動的に決断したのであれば"ＡＣ"

「いまに見ておれ、俺だって！」と反抗的に決断したのであれば"ＡＣ"と返答しています。

まとめ

　筆者が主宰するライフデザイン研究所では、意思決定に至る過程において、どのチャンネルで決断したのか、お互いにアンテナを立てています。特に重要な案件の場合には、しっかりと情報を収集し分析をする"アダルト"が機能していないと、失敗の危険性が高いため、"アダルト"を機能させ再検討すべき、などの注意をお互いがチェック機能として担っています。

　また、経営コンサルティングをしていると、中小企業の創業者の中に、反抗のチャイルド（ＡＣ）から創業の決断をした経営者が多くいます。「いまに見ておれ、俺だって！」と、幼少期の劣等感などをバネに業を興しているため、とてもエネルギーが伝わります。しかし、親や世間を見返すなどの動機が出発点であるため、どこか無理をしているように感じられます。そのため、ある一定の収入や地位を獲得すると、"空の巣状態"になり、うつ病を発症する経営者も見受けられます。筆者は週に一度、エグゼクティブ・カウンセリングをしていますが、経営陣の中にもうつ病になる人が増えているという実感があります。その要因の１つは、起業する動機（変革の決意）が反抗のチャイルド（ＡＣ）からであることではないかと考えています。

2 ▶ 自分で思う自分／他人から見た自分

　自分は慎重で、じっくり考えてから行動するタイプだと思っていても、周囲の人からは消極的に見られていることがあります。また、自分は積極的で行動的な人間であると思っていても、他人には、自己主張の強い、自分本位の人間と映っていたりするものです。楽天的で物事にこだわらないと自分では思っていても、実は他人からは心配性で口うるさい人間と思われるなど、違った印象を与えていることもあります。

　自分で思い描くイメージ、つまり自画像（つもりの私）は自分にとって都合のよい自分であることが多いようです。それに対して、他人が見るあなたはまた別で、それを他画像（はた目の私）と名づけるなら、その2つは部分的には重なり合いながらも、食い違う部分を多く残していることがわかります（図2-3）。

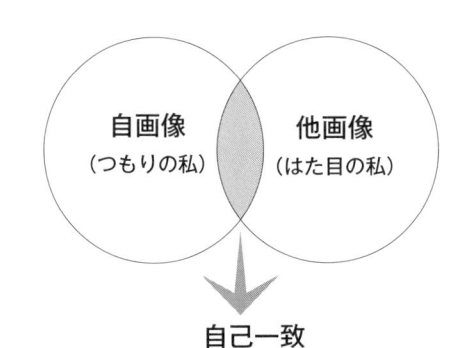

図2-3　つもりの私とはた目の私の"ずれ"

　私たちは互いに本当に理解している部分と、わかったつもりになっている部分とを合わせもちながら交流しています。わかったつもりの部分が大きければ大きいほど、そこに誤解が生じやすく、トラブルの種になります。逆に相互理解が広がれば広がるほど信頼関係が増すことになります。

　何らかの機会に他者から「私はあなたのことを○○と感じる」などと自分の認識と違うフィードバックをうけると、多くの人はそれまで安定していた自画像が動揺して葛藤が生じます。私たちには、安定した自己概念を保ちたいという本能が備わっているため、その後、時間の経過とともに自ら自画像の修正や拡大を行い、新たな自画像を受け容れることによって、再び安定した状態が訪れることになります。

　この「自己概念の動揺→葛藤→修正・拡大→受容」の一連が"気づき"といえ、研修の間に他者からのフィードバックの機会を取り入れることで、"気づき"を促すことができます（図2-4）。

　研修においては、ファシリテーター自身が、あるがままの自分を受け入れ、自分の内面に起きている感情や想いなど、自分の心の状態に気づくことが大切で、それが受講者に対する誠実さにつながります。ＴＡの研修では、ファシリテーターが自己に気づく力が試されています。

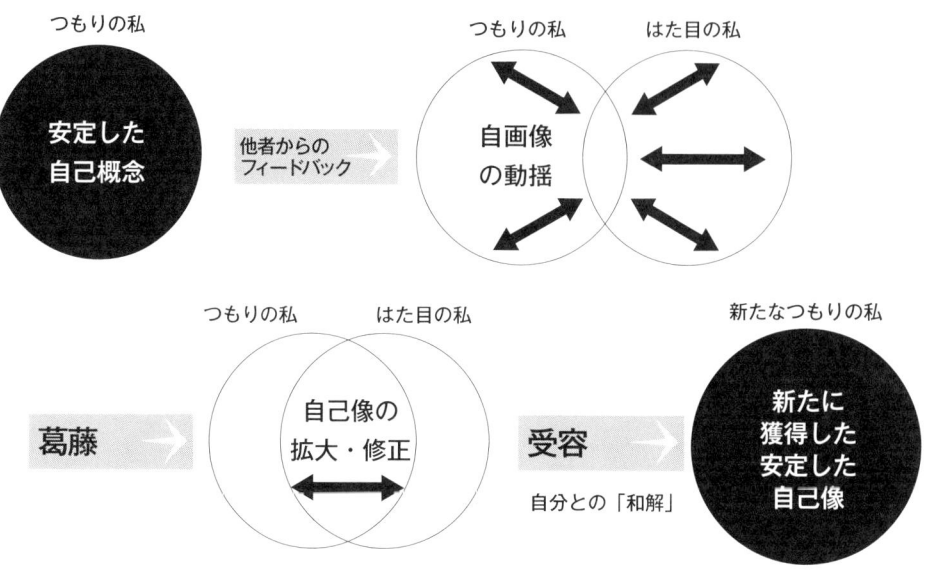

Transactional Analysis

図 2-4　効果的な気づきをもたらす研修

ワーク3 グループメンバーからのフィードバック（1）

ねらい

①周囲のメンバーからフィードバックを得ることで、自己理解を深めることを目的とします。
- TEGなどのエゴグラム検査は、自分自身で回答するだけで自己理解の情報が得られます。それで十分ともいえますが、質問紙に、自分について自分で回答をしているため、主観や理想（ありたい自分・あらなければならない自分など）が（無意識に）回答に反映してしまう可能性が考えられます。
  そのため、受講メンバーから、どのように見られているか、どのように映っているか、率直なフィードバック（他画像）を得ることにより、自己一致の領域を広げ、気づきを得ます。

②十分にメンバー間の交流を促進した上で実施するワークです。
- コミュニケーションゲームやコンセンサス実習などを前もって研修プログラムに取り入れ（第8章参照）、十分に受講者間が知り合えたという環境を整えた後、受講者の自己理解を促進するために実施するのが望ましいでしょう。
- 本ワークは、いろいろなアレンジが可能です。十分にメンバー間が打ち解けていない場合は、使用例2のように内容を変えて実施するとよいでしょう。

進め方

①ワークシート左上のグラフに自分の名前を記入し、自分自身のエゴグラムをつくります。
- TEGの結果にこだわることなく、これまでの解説やワークから、"自分はこのタイプ"だと思うエゴグラムをつくってもらいます。

②シートを左回り（もしくは右回り）に回し、メンバーから見た印象を率直に記入します。各自我状態（チャンネル）ごとに、より強い方か、弱い方かを考えて、平均線よりどのくらい高いか低いかを表す棒グラフを描いてください。ここではあまり考えず、感覚的に記入してください。
- 事前にどこのグラフに記入してもよいことを伝えておきます。ＡＣの高い受講者などから、「自分が描いたとわかってしまうと描きづらい」という意見が聞かれます。そのため、記入するグラフの箇所は固定せずに自由にどこに描いても良いことを事前に伝えておきます。しかし、リーダーシップ研修などにＴＡを用いる場合などは、率直なフィードバックがいかにリーダーシップの質を高めるために重要であるかを導入時に説明するため、このような配慮はむしろ省くようにしています。

③必要に応じて、フィードバックしやすいように、ファシリテーターから下記のようなヒントを提

供します。

> 〔各チャンネルの着眼点〕
> ☆**批判的 "CP"**
> (強い) 子どもや部下に厳しい、時間やお金にうるさい、過ちを許せない…など
> (弱い) 周りの人々に甘い、責任をあまり追及しない、完全主義的でない…など
> ☆**保護的 "NP"**
> (強い) 他人の世話をするのが好き、困っている人を慰めたり元気づけるなど、思いやりの気持ちが強い…など
> (弱い) 人に同情したり、世話をしたりするのは嫌いなど、あまり他人への思いやりはない…など
> ☆**冷静 "A"**
> (強い) 現状を観察したり分析するために時間をかけたり、他人の意見を参考にして冷静な決断をする…など
> (弱い) 他人の意見に引きずられたり、思いつきで行動し、決断に冷静さを欠く…など
> ☆**自然な "FC"**
> (強い) 喜怒哀楽を自由に表現できる、言いたいことを言う、直観的…など
> (弱い) 自分の気持ちを表現しようとしない、遠慮しがち、おとなしい…など
> ☆**順応な "AC"**
> (強い) 無理をしても他人の期待にそうようにしたり、人の言うことを気にする…など
> (弱い) 自分は価値ある人間だという自信があり、他人の犠牲になってものごとを行うことはない…など

★使用例2★

①左上のエゴグラムには、あなたが子どものころの父親のエゴグラムを想像して描いてください。
②右上には、あなたが子どものころの母親のエゴグラムを想像して描いてください。
③中央左には、肌の合わない人を思い浮かべ、その人物のエゴグラムを描いてください。
④中央右には、親友や仲の良い人を思い浮かべ、その人物のエゴグラムを描いてください。
⑤左下には、現在の上司（直属の上司、あるいは、関係を改善したい上司）のエゴグラムを描いてください。
⑥右下には、部下（関係をより良くしたいと思う部下が好ましい）のエゴグラムを描いてください。

ワークシート　グループメンバーからのフィードバック（1）

_____のエゴグラム

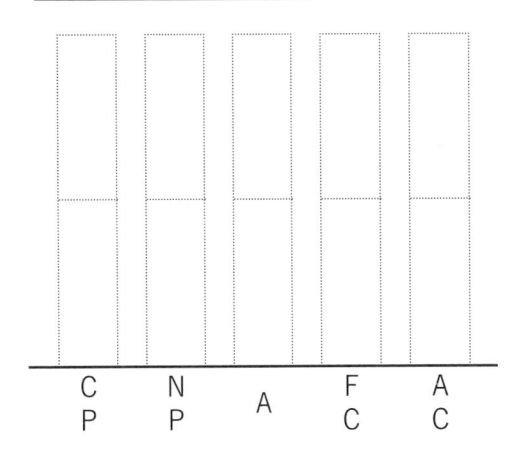

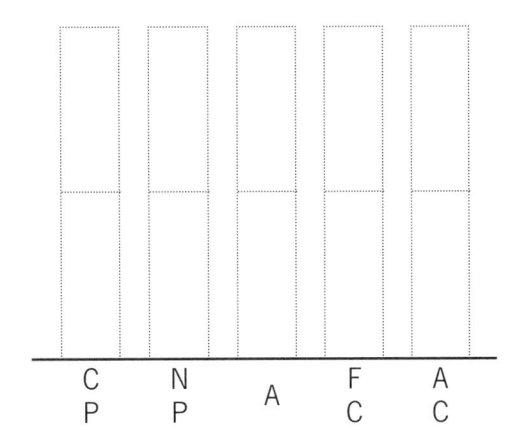

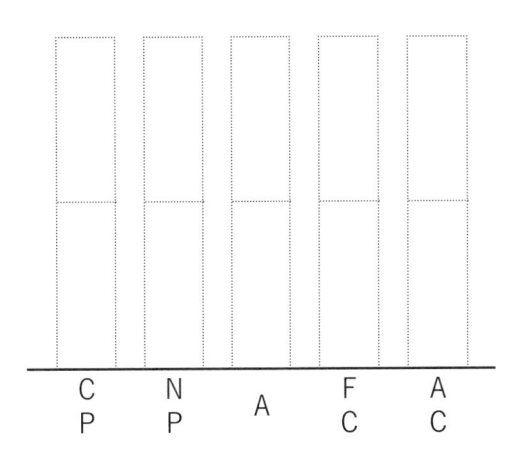

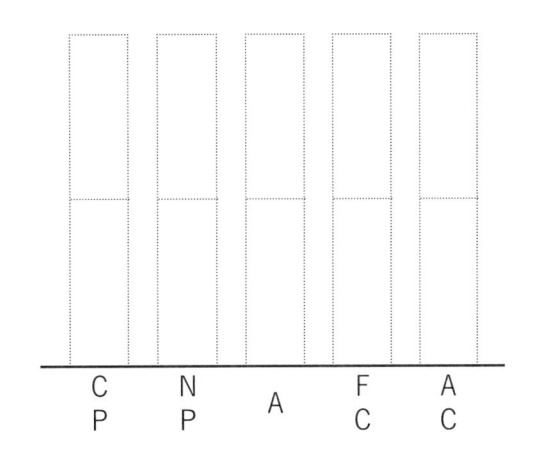

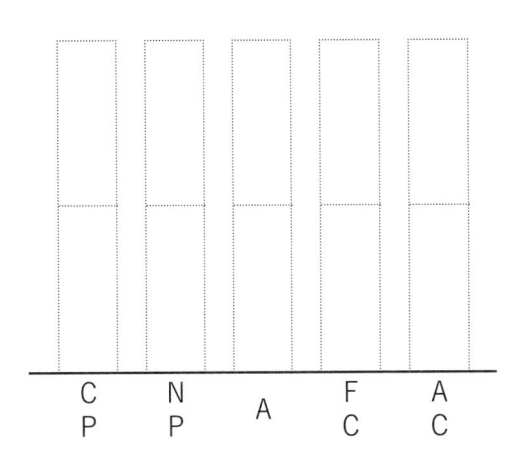

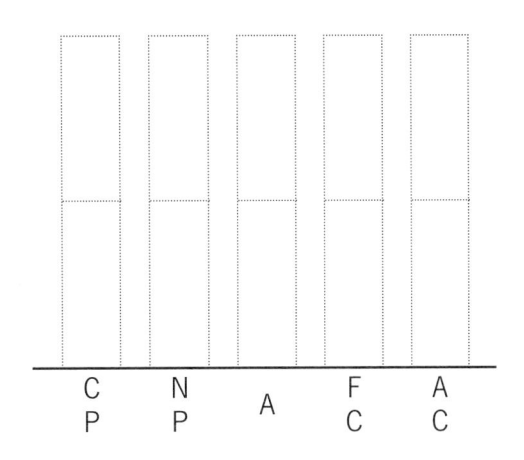

CP	NP	A	FC	AC

CP	NP	A	FC	AC

CP	NP	A	FC	AC

CP	NP	A	FC	AC

CP	NP	A	FC	AC

CP	NP	A	FC	AC

Transactional Analysis

ふり返り

①「自分で描いた自分のエゴグラムと、メンバーからフィードバックされたエゴグラムは傾向が一致しているでしょうか？ "ペアレント"や"チャイルド"は同じ傾向を示しているでしょうか？（例：自分の"ペアレント"は右上がり〔CPよりもNPが高い〕で、周囲からのフィードバックも右上がり）もし、逆の傾向に付けられているメンバーがいるとしたら、そのメンバーに、しっかりと自己開示しているでしょうか？ 職場でも同じようなことが起こっていないでしょうか？」
などとコメントし、気づきを深めてもらいます。

- 管理職などリーダー層が受講者の場合は、相互交流ができる時間を設け、エゴグラムによるフィードバックを1つの材料に、本音で語り合う時間（空間）を演出します。リーダーシップは生き方のあらわれであり、エゴグラムから日ごろのリーダーシップ像が推測できます。そのため、メンバーが部下になったつもりで、お互いにフィードバックし合うことは、ときに厳しい指摘もあるでしょうが、リーダーシップ・スタイルを見直すきっかけになり、貴重な時間になるでしょう。
- "ペアレント"や"チャイルド"をより理解してもらう際は、ワークシート「あなたの"ペアレント"と"チャイルド"を知ろう」（p43）に取り組みます。

★使用例2★のふり返り

①しばらく時間をとって、ワークシートの6つのエゴグラムを見つめてもらいます。
②自分のエゴグラムと似ているエゴグラムはありますか？ 父親と母親のどちらと似ているでしょうか？ どちらから、多くの教えを取り込んでいるでしょうか？（受け継いでいるでしょうか？）
③肌の合わない人は、どのような点で肌が合わないと思われますか？ 肌の合う人（仲の良い人）は、どのような点で仲が良いのでしょうか？
④上司や部下を、エゴグラムで"見える化"してみると、より良い関係を築くために、どのようなヒントが得られますか？

- これまでの経験で、例えば、父親を憎んでいると、その父親と似た上司を毛嫌いしていたり、肌の合わない人と同じパターンだったりと、このワークでは、多くの気づきが得られます。

> **ワークシート**　あなたの"ペアレント"と"チャイルド"を知ろう

①あなたが子どものころの「父親」、「母親」はどのような人でしたか？
　思い出すままに次に記述してください。

父　親	母　親

②上記の中で、現在のあなたを表現しているところに印をつけて下さい。
③あなたはどちらの親からもっとも影響を受けていますか？
④あなたの批判的な要素・保護的な要素はどちらの親から影響を受けていますか？
⑤あなたは子どものころ、どのような子どもでしたか？　思い出すままに下記に記述してください。
　（上記の子どものころの父親、母親の"ペアレント"から、あなたの"チャイルド"にどのような影響があったと思われますか？）
⑥記述された各事柄を〈良い感じ〉と〈悪い感じ〉に分けてください。
⑦どの部分が「ＦＣ"自由なチャイルド"」で、どの部分が「ＡＣ"順応のチャイルド"」ですか？

Transactional Analysis

まとめ

気づくことが自分を変える出発点

　筆者の経験談ですが、自分はどうして見栄っ張りなんだろう？……と、疑問に思うことがありました。学生のころから洋服に小遣いを費やし、高校時代はメンズブティックに借金をし、アルバイトの大半は洋服代でした。大学時代になると当時のＤＣブランドを毎月40万円ほど買い漁っていました。勉強はそっちのけで、アルバイトではサラリーマン以上に稼いでいました。

　筆者が子どものころの父はとてもオシャレで見栄っ張りでした。40年前になりますが、当時からドイツ車を乗り回し、洋服のセンスも抜群でした。小学校の卒業式には、「とうちゃんはカッコいいから、かあちゃんではなく、とうちゃんに出て欲しい！」と、嫌がる父親に卒業式に参列してもらった記憶があります。後になり、母には申し訳なかったと思いつつ、小学校の卒業式に自分だけ参列者が父親で、それほどまでに、オシャレな父と歩くことを望んだ時点で、既にかなり重度の見栄っ張りが出来上がっていました。

　前ページのワークに取り組んで驚いたことに、自分が疑問に思っていた見栄っ張りは、父親からしっかりと受け継いでいたものでした。それに父は「男は仕事ができてなんぼ」という人で、土日も仕事仕事で遊んでもらった記憶などほとんどありません。ふと気づくと、筆者もワーカーホリックのように月月火水木金金と、四六時中、仕事ばかりの生活をしていました。

　父から受け継いだ生き方とはいえ、父と似た人生ではなく、自分の理想とする人生を描き直し、エゴグラムで自分の成り立ちに気づけたことをきっかけに、少しずつですが見栄を張らなくなり、プライベートも大切にしはじめるライフスタイルを築きつつあります。

　上記の筆者の事例の通り、気づくことが自分を変える出発点ですから、気づいた時点で、「本当はどうなりたいのか」「どのような関係を築きたいのか」を鮮明に描き、コツコツと築き上げることで、自分が変化している（成長している）ことを実感することができます。

ワーク ④

グループメンバーからのフィードバック（2）

ねらい

①周囲の多くのメンバーからフィードバックもらうことで、自己理解を深めることを目的とします。

②ワーク3とは違い、極端な結果として他者からのフィードバックを得ることになります。周囲から見られている自分の傾向として受けとめてもらいます。

③参加者全員が立ち上がって行うワークです。研修で、このような機会は少ないため、全員で立ちながら円になることで、一体感が感じられ凝集性が高まる効果も期待できます。

④コミュニケーションゲームやコンセンサス実習などを前もって研修プログラムに取り入れ、十分に受講者間が知り合えたという環境を整えた後、受講者の自己理解を促進するために実施するのが望ましいでしょう。

- 受講者が15名〜30名前後で、全員がそれぞれに知り合えていることが前提です。（例：同期を対象とする階層別研修、同職場単位の研修、宿泊付きの研修で懇親会などを実施し十分に知り合っている、数日間の研修で既に十分知り合っている…など）

進め方

①ワークシートとペン、下敷き代わりになる物を持ち、全員で円を描くように、立ちます。

- ファシリテーターが加わっても良いでしょう。ファシリテーターはシートを持っても、持たなくてもかまいません。

②ワークシートに自分の名前を記入します。

③ルールを説明します。

- 以下のルールで、該当すると思うチャンネル（相手から感じられる"高い自我状態"）を〇で囲みます。最大で〇は3つまで（1チャンネルへの最大は2つまで）

　　　例：ＣＰに〇2つ＋Ａに〇1つ

　　　例：ＮＰに〇2つ

　　　例：ＣＰとＡとＦＣに〇1つずつ

　　　例：ＮＰとＡＣに〇1つずつ

　　　例：Ａに〇1つ

45

- ●参加人数が多いと、○が何重にもなり、後半になると描く場所が残されていないことが考えられます。人数が 20 名を超える場合は、チャンネル（自我状態）の隣に、"正の字"を書く方法にしましょう。

④本人が自分に該当すると思うチャンネル（高い自我状態）を③のルールに則って記入します（④は省いても可）。

⑤右回りでも左回りでも、どちらか統一した方向でシートを次の受講者へ渡します。自分の手元にきたシートに該当するメンバーに対し、率直な考えをルール通りに記入します。

- ●後半になると、どうしても前に付けられている傾向に意識が流されがちになります。"自分から見たメンバーへの率直な印象"を記入することを周知します。
- ●同じ職場内で実施する場合、部下は、上司のチャンネルを、役割や年齢などの印象により、ＣＰに記入しがちです。この点をコメントしておくことも大切です。

⑥自分のシートが手元に戻ってきたら、席につき、それぞれのチャンネルの個数を数え、TEG のエゴグラム上にプロットします。

- ●本ワークを行う前に、心理検査 TEG を実施することをおすすめします。
- ●かなり極端な結果が出る傾向にあるので、得点がグラフをオーバーすることが十分に考えられます。その場合は、2 で割った数字をプロットするなど、配慮が必要となります。

ワークシート　グループメンバーからのフィードバック (2)

氏名　_____

- NP 保護的
- CP 批判的
- A 成人
- FC 自由
- AC 順応

Transactional Analysis

ふり返り

①ワーク3同様、"ペアレント"と"チャイルド"の傾向について、自分がつけたものとメンバーからつけてもらったものが一致するかどうかをふり返ります。
●•自己一致しているかの気づきを促します。

まとめ

　かなり極端な結果となることはご想像の通りです。

　筆者はこのワークを何度も実施していますが、自分でつけたエゴグラム（またはTEG）の結果と本ワークのエゴグラム・パターンがかなり一致している受講者が多いことに驚かされます。

　「へぇ～全員につけてもらったエゴグラムと自分のエゴグラムがほとんど一致しているなんて！」と驚く受講者が少なくありません。まさか、全員からチェックされた合計点の傾向がTEGの結果と一致するなどとは想像していなかったのでしょう。

　その一方で、大勢の仲間から、自分と傾向ラインが違うフィードバックをもらう受講者は、「積極的に自己を開示していない」と、あらためて反省したり、「はた目の自分の方が正しいのだろうか？」と、よい意味で揺れ始めます。

　すべての課題が研修の場で解決できるなどとは思っていません。自分への疑問や戸惑いをもち帰っていただくだけでも、ワークの効果は高かったといえます。

　お節介になり過ぎず、受講者にそっと寄り添う、そんなファシリテーターの受容的な態度やオープンな姿勢が求められます。

ワーク5 エゴグラムで気づいた自分のくせ

ねらい

①エゴグラムは、私たちのパーソナリティの"見える化"（目に見えない心の部分を数字やグラフに表し見える状態にすること）といえます。"見える化"することによって、自己理解が深まります。"見えればわかり""わかれば変えられる"その変化が成長を生み出してくれます。

②エゴグラムを実施し、"わかった"というレベルから、"変わる"という次のレベルへステップアップする後押しをすることを目的に、これまで（特別ワーク、ワーク1〜4）の気づきをワークシートにまとめます。

進め方

①ワークシートを配布し、表2-2「5つのチャンネルの肯定的要素と否定的要素」（p26）なども参考に、10分ほどの時間を設けて、受講者自身でこれまで（特別ワーク、ワーク1〜4）の気づき、学びを整理します。

- ●本書では、2種類のワークシートを紹介しますが、自社に合ったワークシートを用意することが理想的です。本ワークシートを加工し、準備してください。
- ●受講者がサービス業や営業職であれば、お客様との接点なども含め、細かい点を記入することも大切でしょう。
- ●若手の受講者は、ビジネスでの経験が少ないため、細か過ぎると、書きづらいことも予想されます。年齢や職種を考慮に入れ、ワークシートを加工しながら、まとめとして活用するとよいでしょう。
- ●ワークシート：エゴグラムで気づいた自分のくせ−Aは、"アダルト"を働かせ、お客様や上司、部下の立場に立って、客観的に記入するように努めましょう。

Transactional Analysis

ワークシート エゴグラムで気づいた自分のくせ - A

これまでに気づいた点を下記にまとめてみましょう。

		自信をもって良いところ (いままでこうしてきた)	向上を要するところ (これからこうする！)
エゴグラムで 気づいたこと 学んだこと 感じたこと			
普段どのような言動としてあらわれていますか	仕事に取り組む 姿勢の面で		
	上司との かかわりで		
	同僚、部下、 後輩との かかわりで		
	社内の関係部署 とのかかわりで		
	お客様や 関連企業先 とのかかわりで		

ワークシート エゴグラムで気づいた自分のくせ - B

エゴグラムによる自己の性格・特徴

強み（自信がもてる点）

弱み（改善点）

今後の留意点・課題

Transactional Analysis

ふり返り

①ペアやグループでワークシートをもとに、どのような自分に気づき、どのような改善点があるかをシェアしましょう。

●●それぞれの受講者の自己への"気づき"が、仲間の"気づき"を促進してくれます。

まとめ

学習の4段階

　学習には、4段階あるといわれています。言葉が極端で若干の抵抗感がありますが、第一段階は、「無意識的無能」のレベルです。例えば、よくメンバーの話を聞いていると思っているリーダーが、部下からするとまったくできていない（自己一致していない）など、リーダーがメンバーの話を聞けていないことを知らない（気づいていない）段階をいいます。

　あることをきっかけにして、自分は部下の話を聞いていると思いこんでいたが、実のところ、ほとんど聞いていなかったんだ……と気づき、反省する段階が第二段階です。

　そこから、リーダーは、「3年後にはカウンセリングマインドを身につけたリーダーになろう！」と目標を掲げます。大きな目標は小さな目標に細分化し、より具体的に実施します。そして、「これから1カ月は、まずうなずくということに的を絞ってメンバーの話を聞こう」と、熱心に部下の話にうなずくことをします。意識をして実施する段階が第三段階です。

　意識し続けていると、うなずくことが習慣化し、自然と身につき、ついには意識せずとも、自然にうなずけている段階が第四段階です（図2-4）。

無意識的有能
意識しなくても「できる」

意識的有能
目標を掲げ、意識すれば「できる」

意識的無能
「できない」ということを知っている

無意識的無能
「できない」ということを知らない

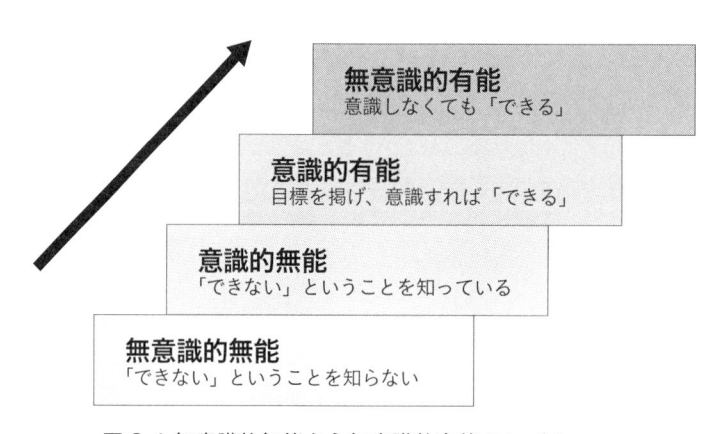

図2-4 無意識的無能から無意識的有能のレベルへ

自分と未来は変えられる

　「誰もが会社が変わることを望んでいる。しかし、誰もが自分を変えようとは思わない」という名言があります。どこの職場でも「上司がマネジメントをしないから、自分たちは活躍できない」、「会社が方針を示さないから何をすべきか描けない」……数え上げればきりのないほど、こうした声があるものです。

　私たちは、周囲に変革を求めても、自分に変革の矛先を向けることをなかなかしようとしません。自分が変わることは、不安であり、苦痛であり、億劫であり、今の自分を否定するかのようで、自尊心が傷つくからです。

　誰もが成長したいと願っているにもかかわらず、成長するために努力している人が少ないのは、成長は変化を伴うものなのに、変化を避けようとする人が多いからです。変化なくして成長はありませんし、変化することが成長なのですから、変化をいとわず受け入れたいものです。

　成長の出発点は、「このままではいけない」と思い自分を変化させるか、「このままでも大丈夫」として、自分を安全なシェルターに置いて相手に変化を求めるかの差にあります。

　ＴＡが大切にしている哲学に、**「過去と他人は変えられない」**という大前提があります。人生は往復切符ではなく、片道切符で後戻りできない以上、過去の出来事を変えることはできません。そして、他人を変えようとしても、なかなかこちらの都合の良いように変わってくれるわけではありません。それよりも、自分が変わることの方が健康的で生産的です。

　「自分と未来は変えられる」と覚悟を決めた瞬間、集中力やエネルギーが高まり視界が広がってきます。

　変化を受け入れるためのヒントとして、スモールウィンをおすすめします。いきなり大きな変化を自身に課しても、上記の通り、抵抗が大きいものです。そのため、障害物（目標）を低めに設定するのです。そうすると、小さな負担で行動を開始することができます。初動のエネルギーを小さくすることで、回転が始まれば、継続させることは比較的、容易にできます。

　もしも、先に例で述べたリーダーが、当初から「傾聴を身につける」という大きな目標を立ててしまうと、その目標の大きさに圧倒され、できない言い訳が顔を出したりします。何から取り組んでよいのかわからず、諦める（自己を正当化する）理由を探し始めたりします。しかし、うなずくという小さな目標を立てることで、それだけに集中でき、できたかできないかのふり返りも自分自身でできます。自分で反省できれば、すぐに修正することも可能となります。

　「小さな第一歩を踏み出す」ことで、小さな成功体験（満足感や達成感）を得ることができ、それが次の小さな目標へとスパイラルに好循環しはじめます。

第3章

やりとり分析
——生産的コミュニケーション

1 ▶ 自我状態とコミュニケーション

　この章では、日ごろ、どのようなかかわり合いをしているのかに気づくために、"やりとり分析"を紹介します。

　会社や家庭などの日常生活で、ふたりまたはそれ以上の人が出会うと、遅かれ早かれ、ひとりが話し出すか、目の前にいる相手を認める意味の働きかけをします。これを心理学では「刺激」といいます。

　話し手の刺激に対して、受け手も何らかの反応を示します。このような刺激と反応の1つの単位（社会的交渉）を"トランザクション"や"やりとり"といいます。

　第2章で説明した通り、"ペアレント"の自我状態からの発信は、父母など養育者を模倣したような言動であり、ＣＰとＮＰがありました。

　"アダルト"の自我状態からの発信は、事実にもとづいて物事を判断し、それを冷静に相手に伝達するものでした。

　"チャイルド"の自我状態は、子どもの言動のようなもので情動的です。情動的とは、喜び、悲しみ、怒り、恐怖、不安など、一時的で急激な感情をいいます。自分の思うまま口に出すようなＦＣと、相手の機嫌をとろうとするようなＡＣがありました。

　やりとり分析では、話し手が用いた言葉が受け手のどの自我状態に向けられているのかを大切な観点として捉えています。

　"ペアレント"の自我状態Ⓟに向けられる発信は、相手に指示や批評を求めたり（ＣＰ）、援助や保護、同意を求めたり（ＮＰ）するために働きかける言動です。

　"アダルト"の自我状態Ⓐに向けられる発信は、相手からの情報を求める、あるいは相手に情報や考えを伝えるといった場合のものです。相手の知性や理性に対して働きかける言動で、冷静なおとなとして接するかかわりです。

　"チャイルド"の自我状態Ⓒに向けられる発信は、相手の感情を刺激したり、相手の感情に訴えるなど、相手の感性に働きかける言動で、目上の人が目下の人を相手にするときは、たいてい相手のＣに働きかけています。ＮＰでやさしく働きかけるときは、だいたいＦＣへ向けられ、ＣＰで相手を押さえつけるようなときは、ＡＣに働きかけが行われています。

以上のやりとりの具体例を紹介すると次のようになります。

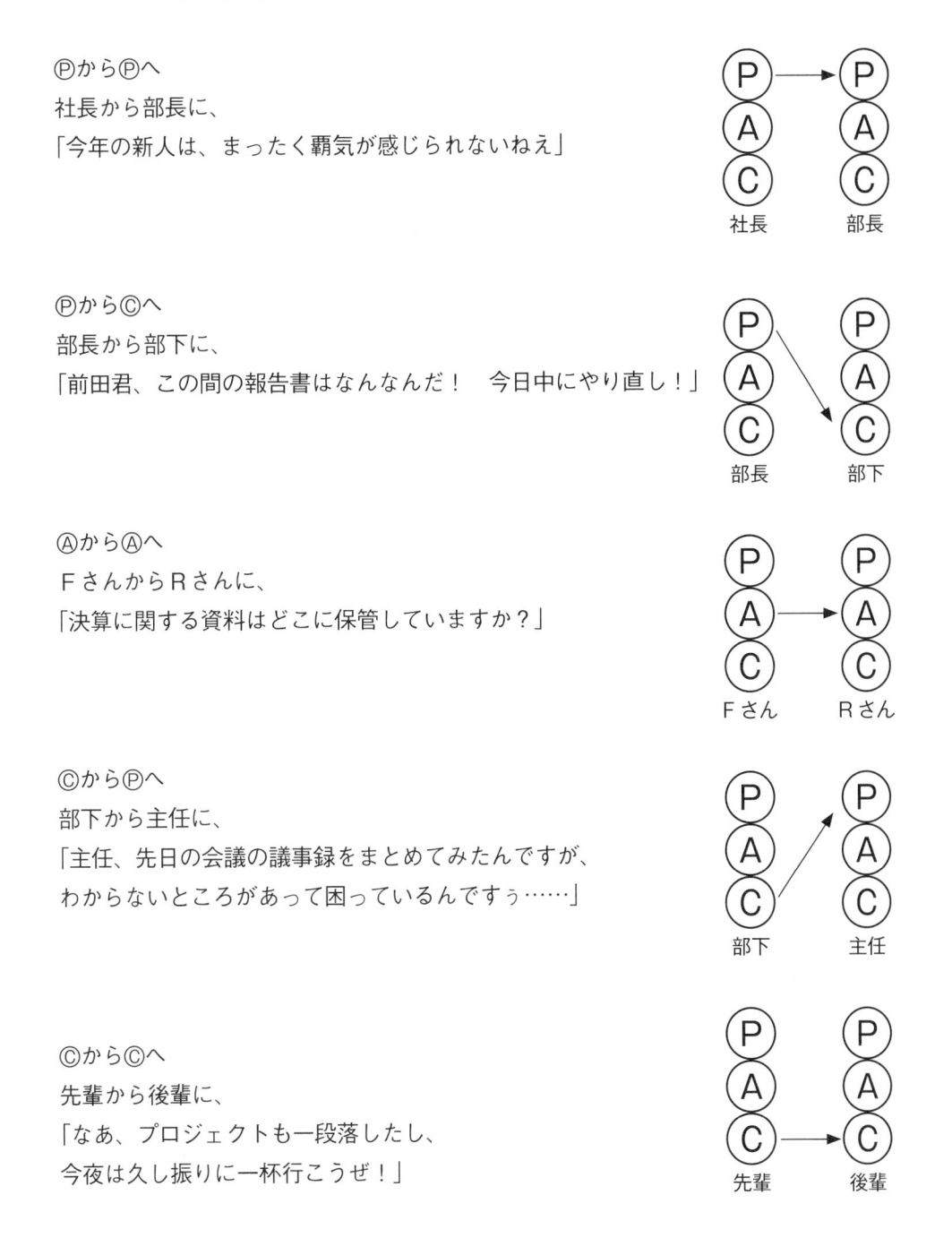

Ⓟ から⒫へ
社長から部長に、
「今年の新人は、まったく覇気が感じられないねえ」

Ⓟ からⒸへ
部長から部下に、
「前田君、この間の報告書はなんなんだ！　今日中にやり直し！」

Ⓐ からⒶへ
ＦさんからＲさんに、
「決算に関する資料はどこに保管していますか？」

Ⓒ から⒫へ
部下から主任に、
「主任、先日の会議の議事録をまとめてみたんですが、
わからないところがあって困っているんですぅ……」

Ⓒ からⒸへ
先輩から後輩に、
「なあ、プロジェクトも一段落したし、
今夜は久し振りに一杯行こうぜ！」

このように、ふたりのやりとりでは、必ず、一方の自我状態の"ある部分"から、相手の自我状態の"ある部分"に発せられています。

Transactional Analysis

ワーク 6

仕事上のトラブルに対する対応

ねらい

①仕事上のトラブルに対して、自分の自我状態はどのように反応するか、また他者はどのように反応するか、ワークを通して、Ⓟ、Ⓐ、Ⓒの反応を理解します。
②管理者（リーダー）として、仕事上のトラブルに対処する自分の反応パターンを知り、望ましい対処法を学びます。

進め方

①各ケースごとに、自分の3つの自我状態Ⓟ、Ⓐ、Ⓒのそれぞれを働かせて、3通りの返事をシートに記入してもらいます。
●●ケースは、参加者自身が仕事上で経験している実際のケースを取り扱うことも有効な方法です。
②記入を終えたら、①の結果をグループで話し合います。
●●各ケース10分ほどとるとよいでしょう。
③日ごろ、自分はどの自我状態を使いがちか、それぞれグループで話し合います。

ふり返り

①ワークを通して学んだことをペアでシェアし、その後、全体でシェアします。
●●ファシリテーターは、各グループの意見を観察し、各ケースごとに、個性的・創造的な意見を取り上げながら、その意見を受講者全体でシェアします。
●●各ケースごとに、受講者自身がどの心のチャンネルを選んだのか、それが自身のエゴグラムと関連していたか、他者の意見と比べてどうだったか、など、全体でシェアすると、「へぇ～そんな反応するんだぁ」「えぇ……ペアレントの反応は俺だけなの……」などの驚きや不思議そうな声が聞こえてきます。
②ファシリテーターは、後述の「ＰＡＣによる意思決定演習のふり返り」（p65）を参考にしながら、まとめとします。

ワークシート　仕事上のトラブルに対する対応

ケース❶　飲み会への誘い

　あなたは、明日の午前中までに仕上げなければならない報告書をかかえています。今のペースでいけば、今夜の10時ごろにはなんとか片がつきそうです。ところが、そんなときに同僚たちが飲みに行く相談をしています。あなたも行きたいのはやまやまですが、仕事を放り出すわけにいきません。同僚のひとりの加藤君が、「なあ、一緒に飲みに行こうぜ。そんな仕事くらい、お前が本気出せば、明日の朝早く出勤して、なんとか間に合うだろう。万一のときはオレたちが手伝ってやるからさ」と誘ってきました。

　あなたはどのような対応をしますか？

（ペアレントの自我状態Ⓟ）

_____

_____

_____

（アダルトの自我状態Ⓐ）

_____

_____

_____

（チャイルドの自我状態Ⓒ）

_____

_____

_____

　あなただったら、3つのうちのどれを選びますか？

Transactional Analysis

ケース❷ 遅刻した同僚

　同僚が二日酔いで眠そうな顔をしながら約束の30分後に駅の改札口に現れました。既にお客様とのアポイントに遅刻しており、お客様には、事情をつくって電話済みです。同僚は口先だけで、「すまんすまん」と詫びています。
　あなたはどのような対応をしますか？

（ペアレントの自我状態Ⓟ）

_____

_____

_____

（アダルトの自我状態Ⓐ）

_____

_____

_____

（チャイルドの自我状態Ⓒ）

_____

_____

_____

　あなただったら、3つのうちのどれを選びますか？

ケース❸ 仕事を押し付ける先輩

　先輩があなたに、期日のせまった重大な仕事を押し付けてきました。客観的にみて、期日までに仕上げることは不可能だとわかっているはずなのに、先輩は自分の負うべき責任をあなたに押しつけようとします。
「お前がしっかりやってくれればいいんだ！」
　こう言われて、あなたはどのような反応をしますか？

（ペアレントの自我状態Ⓟ）

_____

_____

_____

（アダルトの自我状態Ⓐ）

_____

_____

_____

（チャイルドの自我状態Ⓒ）

_____

_____

_____

あなただったら、3つのうちのどれを選びますか？

Transactional Analysis

ワーク 7

PACによる意思決定演習

ねらい

①"今ここ"の非生産的やりとりに気づき、生産的やりとりに変化させる能力を高めます。
②対人関係における問題解決のスキルを高めます。
③面接指導上のスキルの向上を図ります。
④コミュニケーション・スキルの向上を図ります。
⑤リーダーとしてのあなた自身やあなたの職場が、ふだんどのように問題解決をしているかに気づき、より生産的な問題解決のやり方を学びます。

● ●企業（組織）により状況はまちまちですので、ワークシートの問題AからGを参考にアレンジした問題をとりあげるとよいでしょう。

進め方

①最初にグループの担当分けをします。それぞれのグループが、"ペアレント"、"アダルト"、"チャイルド"のいずれかの自我状態を担当します。

● ●"ペアレント"、"アダルト"、"チャイルド"が、それぞれ割り振られることが前提となります。

②各グループで共通問題（すべてのグループが取り組む問題）1つ、共通しない問題（各グループのみが取り組む問題）1つを取り上げます。

● ●ワークシートにはAからGまでの問題をあげましたが、実際に受講者が抱えている問題があれば、それを共通問題として取り上げることが最適です。その方が臨場感が出てきます。受講者の問題を取り上げた場合は、このワークの最後に当事者からコメントを述べてもらいましょう。このことを前提に無理のない範囲で受講者に事例を出してもらいましょう。「この部屋を出たら、問題について一切口外しないことを約束してください」と、あらかじめ守秘義務を徹底しておくことが、受講者の自己開示を促すことにつながります。

● ●ファシリテーターが抱える問題を共通問題として提供することも一案です。単に興味本位ではなく、困っていることであれば、受講者がより熱心に検討してくれることでしょう。その結果、ファシリテーターとして、率直なコメントや感謝の気持ちを伝えられますし、ファシリテーターの自己開示としても好ましい機会になります。

③各グループは、担当している自我状態から、2つの問題（共通問題1つ、共通しない問題1つ）に対し、どのように反応をするか、模造紙やホワイトボードにまとめます。

④まとまったら、共通する問題から発表し合い、全体で問題解決を図ります。
- ●ファシリテーターは、共通する問題における共通点や相違点を特に明確にし、ふり返り時のコメントに結びつけます。

⑤共通問題を終えたら、共通していない問題について、問題解決例を発表します。

Transactional Analysis

ワークシート　　PACによる意思決定演習

問題A　　成果主義の見直し

あなたは営業職でトップの成績をあげています。

営業は歩合給を採用しているため、とてもやりがいを感じています。課の成績もコンスタントに目標をクリアし、それを誇りにしています。

ここ数年、成果主義の導入以降、社内の風通しが悪くなり、成果給（歩合給）を見直す動きがみられます。成果を追うばかりに中堅や管理職の中に部下育成（ＯＪＴ）をないがしろにし、自分の成果を追い求めることばかりに懸命になる社員も目立ってきています。

さらに、そのためか若手社員の早期退職が目立ってきています。

営業職だけは歩合給を残す案もあるようですが、全社統一して昔の年齢給に戻すという提案が役員会に提出されたと聞きます。

あなたは、営業統括部長から、意見を求められています。

問題B　　組織改編の動き

来年度、組織の改編が予定されています。これまでのピラミッド型から、当社もフラット型を採用することが濃厚なようです。

ことのきっかけは、他社の動きに順応する人事部の役員の提案のようです。

あなたは部門長です。部としての考えを聞かせて欲しいと人事部からヒアリングの要請がありました。

問題C　　本社機能の一部移転

あなたの会社は、東京に本社があります。

リスクマネジメントの観点から、本社機能の一部を西日本へ移転しようと考えています。移転の理由は、本社の機能がすべて東京に集中することで、地震など自然災害などの際に迅速に対応できないという理由のようです。ただ、それだけではなく、固定費の削減も理由の1つに含まれているようです。

西日本へ異動する社員は、住宅手当などが支給されないため、給料は下がりますが、新しい土地での生活費はかなり軽減します。

問題D　　中途採用

あなたの会社は、毎年のように新卒の採用をしてきました。そのため、即戦力である中途採用をかなり控えてきました。

ここ数年、業界の動きをみると、どこも中途採用を積極的に実施しているようです。

人事部に所属するあなたのもとに経営幹部が相談に訪れました。

問題E　住宅手当の復活

あなたの会社では通勤手当の上限を設け、あらたに住宅手当を復活しようとしています。新しく社長に就任した創業者の孫の斬新な意見のようです。

そのねらいは、社員の職住の接近で、通勤に要する心理的な負担を軽減し、本社から近くに住む条件をクリアすれば、住宅手当を支給しようというものです。

住まいが会社に近ければ、気軽にアフターファイブを楽しめ、社内のコミュニケーションが活発になるということも含んだ希望のようです。

噂では、その後の第二弾として、飲み会手当を支給するという案も聞かされています。

問題F　組織合併

あなたの会社（T社）に、まったく企業文化の違うH社との合併話が舞い込んでいます。

あなたは役員の一人として、一票を投じる責任があります。

H社とは、もともと創業者が仲が良く（既に両社とも創業者は他界している）、かなり前には人事交流を盛んに行っていました。その時期、各社では次のような噂話があったと聞いています。

T社社員：「H社は皆が同じことばかりを言い、まるで金太郎飴のような会社だ。まったく個性が感じられない真面目な集団だぞ」

H社社員：「T社は、一人ひとりが勝手なことばかりを言い、まるでまとまりがない。協調性など微塵もなく、バラバラに動いている」

さて、あなたはどのような意見を役員会で述べますか。

問題G　育児休暇の取得

あなたの会社にも、ワークライフバランスや福利厚生の観点から、男性の育児休暇を促進する案が取り上げられています。

子どもが欲しくとも授からなかったあなたにとって、育児休暇はまったく関心がありません。それよりも、同居をしている両親の介護のことが気がかりです。

これまで、あなたの会社は積極的に時短勤務を奨励し、多くの子育て中の女性がその制度を活用しています。

Transactional Analysis

ふり返りシート　「ＰＡＣによる意思決定演習」

1．"アダルト" グループからの意見は、考えるのに価値あるデータでしたか。
　なぜそう思い、なぜそうではないのか、その理由は……

___

2．"ペアレント" と "チャイルド" のグループは、筋の通る考えを出しましたか。

___

3．"ペアレント" や "チャイルド" のまとめに関して、納得いきましたか。納得いかないとしたら、どの点に納得できないのでしょうか。

___

4．3つの心のチャンネルからの意見を聞いて、解決できましたか。解決できなければ、他に何を検討する必要がありますか。

___

5．会社（部・課）の政策や関係者の気持ちがあなたの決定に影響を与えましたか。
　これらの要素は、全体の意思決定の過程にどれだけ重要なものですか。

___

6．与えられた唯一の心のチャンネルで問題に取り組むのはむずかしく感じましたか。それともやさしく感じましたか。

___

7．討議中のあなたの言葉、姿勢、身ぶりは、あなた自身の自我状態（最も働く自我状態）に影響されましたか。なぜ影響されたのでしょう、あるいはなぜ影響されなかったのでしょう。

___

8．このワークとあなたの職場での問題解決の方法との間に、似ている点はありましたか。

___

9．あなたの仕事に応用できることを学びましたか。

___

ふり返り

①各自、ふり返りシート「ＰＡＣによる意思決定演習」を記入します。
②記入後、ペアもしくは、グループでふり返りシートをシェアします。
③全体で、気づいたこと、学んだことなどをシェアをします。
④以下を参考に、ファシリテーターがコメントし、まとめをします。

まとめ

ＰＡＣによる意志決定

　私たちはマネジメントにおいて、問題解決や意思決定を効果的に行うことを常に求められています。ときには創造的に、ロジカルに、そして道徳的にも沿う形で意思決定をし、行動することが必要です。

　意思決定に必要な大量の情報をコンピュータは処理してくれても、最終的な判断はやはり私たち人間が実行することになります。

　それぞれの自我状態は意思決定に際して、次のような機能を果たしています。

Ⓟ　"〜すべきだ" "〜ねばならない" "してあげたい"
　《べき論的意思決定》《愛情論的意思決定》
Ⓐ　"今ここ"で何が必要か
　《必要論的意思決定》
Ⓒ　"〜したい" "〜したくない" "仕方ないから"
　《欲求論的意思決定》《依存的意思決定》

"ペアレント"の自我状態による意思決定

　これまでやってきたやり方や習慣を重視し、社会道徳の観点から、"どうあるべきか"の判断をして決定します。

　私たちが"〜すべき"と表現するとき、そこには個人特有の価値観を伴っています。そのため集団でコンセンサスによる意思決定をしようとすると、お互いの価値観を相互に了解し合わないと結論まで至らないケースが多くあります。

　また、"〜してあげたい"という相手を思いやる立場からの意思決定は、相手の意見を支持するため、良い関係の中で意見交換できるという点では効果を発揮します。しかし、"〜してあげたい"が過剰になると"〜してあげるべき"と、押しつけがましくなり、べき論的意思決定へ切り替わることがあります。

Transactional Analysis

"アダルト"の自我状態による意思決定

"ペアレント"のような"〜すべき"で延々と意思決定をしているとき、早くに結論に導くためには、"アダルト"の自我状態を使うことです。"今ここ"で何が必要かを問うことによって、現実を直視し必要なことを解決していくことは、メンバーの足並みが揃いやすく短期間でコンセンサスの意思決定を容易にすることができます。

"チャイルド"の自我状態による意思決定

"〜したい"または、"〜したくない"という個人の欲求にもとづいた意思決定をします。欲求には個人差があり、"チャイルド"も集団全員の足並みを揃えるのはたいへんなことで、結論を出すまでに相当のエネルギーを必要とします。"チャイルド"の自我状態には優れた創造性、直感的要素もありますが、現実を見ないで想像で意思決定してしまうことも起こりがちです。

また、"そこまで言われるのなら仕方ない"という依存的な意志決定は、協調（相手に合わせる）という意味では必要なことといえます。しかし、終始依存的であると、自分の意見を述べる機会がないため、相乗効果のある議論に発展しません。

さらに依存的な状態が過剰になると反抗的に反転します。そうなると場の雰囲気が険悪になり、生産的な意思決定からより遠のく傾向になります。

統合する"アダルト"の自我状態による意思決定

"チャイルド"の自我状態による意思決定が未来志向的なのに対して、"ペアレント"の自我状態による意思決定は過去志向的です。"アダルト"の意思決定は、"ペアレント"の過去の習慣やこれまでのやり方を十分に踏まえて、さらに"チャイルド"の直感や創造性を働かせます。これら両者を統合しながら現実状況を直視して問題解決するとき、より効果的な意思決定がなされます。

2 ▶ やりとり分析の3つのパターン

やりとりは、双方向に行われます。話し手が用いた言葉が、受け手のどの自我状態に向けられているのか、という見方に加えて、ここでは、受け手が話し手にどのような言動を返すのかも加えてやりとりを分析していきます。

私たちは自分なりのⓅ、Ⓐ、Ⓒをもっているとともに、相手もその人なりのⓅ、Ⓐ、Ⓒをもっています。この3つの自我状態をもっている私たちが行っている日常のやりとりを、もっと効果的に、もっと生産的に行うにはどうしたらよいでしょうか。

平行的やりとり（相補交流）

次頁の通り、矢印が平行になるやりとりは、お互いの関係が"期待された通りの関係"にあるやりとりですから、コミュニケーションはスムーズで、健全な人間関係が成り立っています。

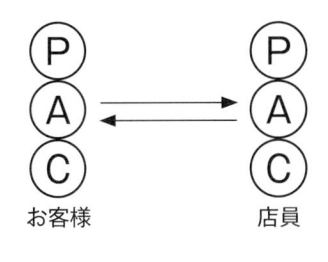

第3章　やりとり分析——生産的コミュニケーション

Ⓐ：いま何時でしょうか
Ⓐ：ちょうど12時になるところです

お客様　店員

日常のあいさつや情報の交換などはⒶからⒶのやりとり

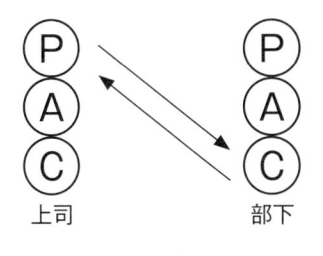

Ⓟ：遅いじゃないか、もう20分も待ったよ
Ⓒ：すみません、道路が混んでしまって、それで……

上司　部下

Ⓟ→Ⓒは、目上から目下に強い調子で言うような場合
Ⓟ←Ⓒは、言い訳や謝罪など下からの目線の言動

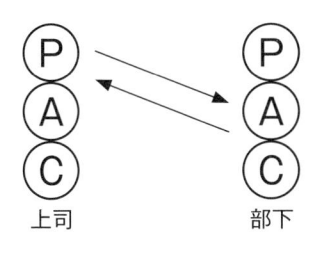

Ⓟ：夕方の道路は混むから、急ぐときは電車にするといいよ
Ⓐ：わかりました

上司　部下

Ⓟ→Ⓐは、相手を大人として扱い、方法を教えたり提案する
（Ⓟ→Ⓒは、指示する）
Ⓟ←Ⓐは、納得する、了解する
（Ⓟ←Ⓒは、しぶしぶ受ける）

Ⓟ：A君の実績はまったく伸びていないじゃないか
Ⓟ：まったく、やる気が感じられないですね！

部長　課長

Ⓟ→Ⓟは、互いに第三者を批判し合っているような場合

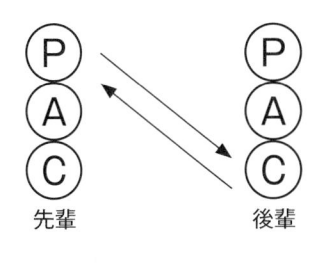

Ⓟ：忙しい中、がんばったようだね
Ⓒ：ええ、おかげで目標を達成しました

先輩　後輩

Ⓟ→Ⓒは、相手の気持ちを理解したねぎらいの言葉など
Ⓟ←Ⓒは、気持ちを理解してもらった返礼など

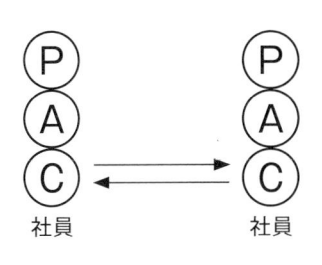

Ⓒ：今日あたり、みんなで飲みに行こうよ
Ⓒ：いいね、そうしよう！

社員　社員

Ⓒ⇄Ⓒは、楽しみや喜びなど、感じたままを交換する

67

Transactional Analysis

交差的やりとり

　交差的やりとりは、矢印が交差し、コミュニケーションは中断されてしまいます。下記の最初の例のように図として矢印が交差していなくても、平行でないやりとりは、交差的やりとりに含みます。また、3番目の例のように、平行しているやりとりでも、互いに異なる自我状態に言葉が向けられて、ずれているものも交差的やりとりです。家庭や職場で何か気まずい思いを抱くと、そこには交差的やりとりが生じています。交差的やりとりは、多くの場合、対人関係の障害の原因となりやすい性質をもっています。なぜなら、会話の話し手がある種の反応を期待して刺激を出したにもかかわらず、その期待と違った、予期に反した反応が返ってくるからです。予期に反した反応が返ってくると、話し手は何か裏切られたような感じがし、自分の存在を軽視されていると感じてしまうことが多いものです。

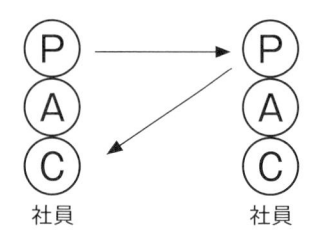

Ⓟ：今年の新入社員は、出来が悪いな
Ⓟ：バカ言うな、彼は社長の息子だよ

Ⓟ→Ⓟ 第三者の批判に対して
Ⓒ←Ⓟはその批判をたしなめる

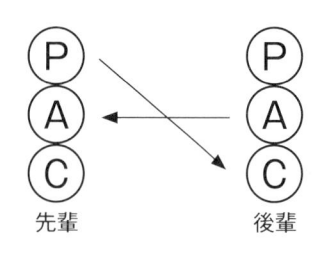

Ⓟ：俺の言うとおりにすればいいんだ
Ⓐ：冷静に状況を見てください

Ⓟ→Ⓒは、言う通りにしない部下を叱っている
Ⓐ←Ⓐは、部下は冷静に上司をたしなめている

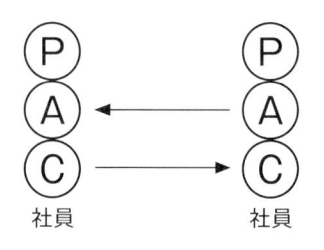

Ⓒ：疲れたなー、休憩にしようよ……
Ⓐ：きりのいいところまで、仕上げてしまいましょう

Ⓒ→Ⓒ 同僚の誘いにのらないで、Ⓐ←Ⓐ計画通りに作業をすすめるように促す

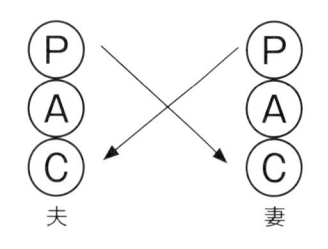

Ⓟ：お前が時間を間違えたから遅れたんだぞ！
Ⓟ：なによ、時間のことなど気にしてなかったくせに！

Ⓟ→Ⓒお互いに相手の欠点をけなし合っているような場合

第3章　やりとり分析——生産的コミュニケーション

```
 Ⓟ→Ⓟ
 Ⓐ ╳ Ⓐ
 Ⓒ   Ⓒ
 夫    妻
```

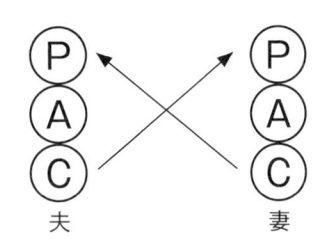

Ⓒ：小遣いが足りないんだ。なんとかしてぇぇ……
Ⓒ：それどころか家計がピンチよ、何とかしてよ〜

Ⓒ→Ⓟは依頼する、頼るような場合

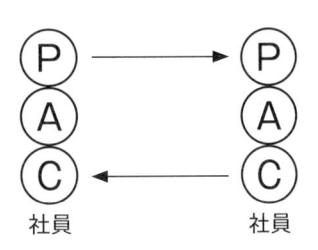

```
 Ⓟ → Ⓟ
 Ⓐ   Ⓐ
 Ⓒ ← Ⓒ
社員   社員
```

Ⓟ：部長の方針は、実態に合っていないね
Ⓒ：お前、そんなこと言える柄か……

Ⓟ→Ⓟは第三者を批判するが、Ⓒ←Ⓒは冷やかすように打ち消している

裏面的やりとり

　裏面的やりとりとは、表面のメッセージ（建前）の裏に心理的メッセージ（本音）が隠されているやりとりで、実線と点線で描きます。表面的なメッセージは実線で、裏面のやりとりは点線で記します。

　裏面的やりとりは、表面的には平行的なやりとりのように見えますが、あとになって"隠された部分"（本音）が表面化して問題をこじらせてしまうことが多いものです。

　相手の本音（裏面のやりとり）に気づき、何を言ったかではなく、何を言おうとしているのかに気づき、後者に対処すれば事無く過ごすことも可能ですが、察することにも限界があります。相手の本音に気づくと同時に、半ば無意識的に発信している自分の態度、気持ち（本音・本心）などにも気づく必要があります。

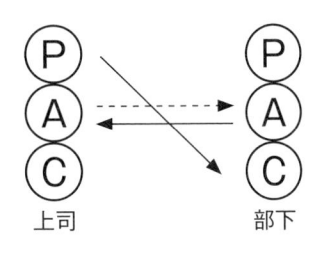

```
 Ⓟ → Ⓟ
 Ⓐ ---> Ⓐ
 Ⓒ ← Ⓒ
上司   部下
```

Ⓟ：無理を言ってすまないね
裏面：今日中に仕上げてほしい
Ⓐ：もうひと頑張りです

Ⓟ→Ⓒ 表面では相手をねぎらっているが、裏面で仕事を督促している。反応は裏面に平行にやりとりしている

Transactional Analysis

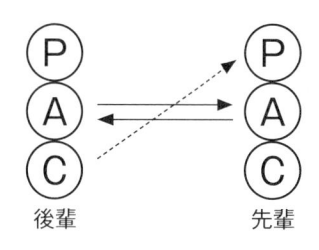

後輩 → 先輩
- Ⓐ：今日も残業しますか？
- 裏面：早く帰りたいんですが
- Ⓐ：約束があるんだね

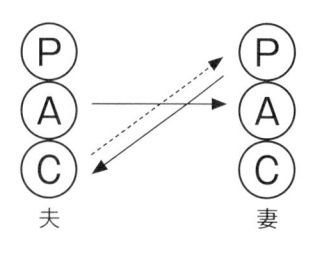

Ⓐ→Ⓐ　表面は協力的に見せて、裏面は残業できないことを伝えている

夫 → 妻
- Ⓐ：隣はいい車を買ったね
- 裏面：うちも車を買おうよ
- Ⓟ：うちはとても無理ね

Ⓐ→Ⓐ　隣の情報を伝える形をとって裏面で要求してみたが、見抜かれて断られている

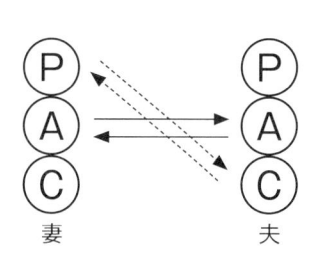

妻 → 夫
- Ⓐ：隣はいい車を買ったわね
- 裏面：あなたには買えっこないわね
- Ⓐ：ドイツ車だね
- 裏面：おれは甲斐性なしだからな

表面は単なる情報交換をしているが、隠された交流はこじれた対話をしている

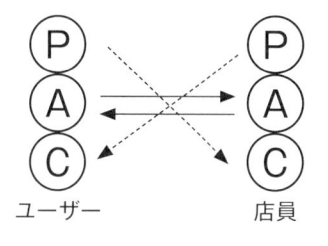

ユーザー → 店員
- Ⓐ：このPC、また故障したよ
- 裏面：ちゃんと修理しなかったろう
- Ⓐ：わかりました、至急直します
- 裏面：使い方が乱暴なんだから

表面ではビジネスライクな会話をしているが、裏面では責任のなすり合いをしている

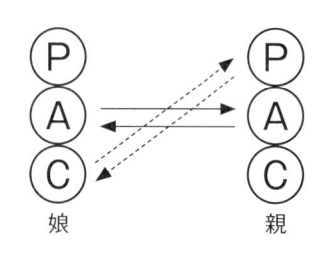

娘 → 親
- Ⓐ：親元を離れ独立します
- 裏面：援助してくださいね
- Ⓐ：一人前になるまで頑張りなさい
- 裏面：心配するな、援助するから

表面は体裁のいいことを言っているが、裏面では自立できないことを認め合っている

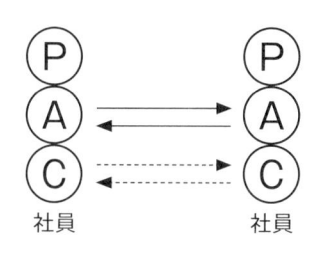

社員 → 社員
- Ⓐ：今夜、打ち合わせしようか
- 裏面：一杯飲みに行こうか
- Ⓐ：そうしましょう
- 裏面：いいですね

表面は仕事のように見せかけて、実は飲みに行く誘いをしている

ワーク8 やりとり分析　理解度テスト

ねらい

①やりとり分析の3つのパターン（平行的やりとり、交差的やりとり、裏面的やりとり）の理解を深めます。

進め方

①ワークシートを配布後、各自で全8問に矢印を書き入れます。
②ペアもしくは、グループで解答を導き出します。
③全体で解答の確認をします。
● ワークシートの言葉をどのように解釈したか、あるいは、どのようなイントネーションで読み上げたか（つぶやいたか）によって解答は1つとは限りません。筆者の解答はあくまでも一例ですので、受講者の解釈に応じて解答の選択肢を広げてください。

やりとり分析を理解する2つのポイント

①双方の会話を読んで、この先も会話が順調に続きそうだと思われれば、平行的やりとりの可能性が高く、中断されると思われれば、交差的やりとりだと考えられます。
②話し手の言葉から、相手のどの心のチャンネルを欲して（自我状態からの反応を期待して）ボールが投げられたかを察することが、解答を導き出すヒントになります。

Transactional Analysis

ワークシート やりとり分析　理解度テスト

次の会話のやりとりを矢印で記入してください（裏面のやりとりは点線で示してください）。

1.
上司「次年度の予算計画はいつごろまでにまとまるかな」
部下「来週の半ばごろまでには一応まとめることができると思います」

上司　　部下
P　　　P
A　　　A
C　　　C

2.
上司「A社さんへの納入はもう済んでいるのだろうか」
部下「あっ！　どうもすいません。このところ忙しかったものですから、つい忘れていました」

上司　　部下
P　　　P
A　　　A
C　　　C

3.
社員A「今日も疲れたなぁ！　今夜一杯つきあえよ！」
社員B「見りゃわかるだろう。オレはお前ほど暇じゃないんだよ！」

社員A　　社員B
P　　　　P
A　　　　A
C　　　　C

4.
お客様「このPCはよくフリーズするんだ。早くなんとかしてくれよ～」
店員（ちょっとむっとしながらも冷静に）「このPCは、普通にお使いになればフリーズなどしないものなんですがねぇ……」

お客様　　店員
P　　　　P
A　　　　A
C　　　　C

5.
部下 「係長！ 営業部門は無理難題を当然かのように押しつけるんですよ」

係長 「そんな無理難題を君に言うのには、それなりの理由があると思うけどなぁ」

部下　　　係長
P　　　　P
A　　　　A
C　　　　C

6.
部下 「課長、A社さんへのお詫びの手紙、書いたんですけど見てくれますか……、どうも僕は手紙を書くのが苦手で……」

課長 「手紙の書き方くらいちゃんと勉強しろよ！ まあ、貸してみろ！ ……うんうん、ここのところなあ、こんなふうにした方がいいぞ……」

部下　　　課長
P　　　　P
A　　　　A
C　　　　C

7.
店員 （冷やかすような、小馬鹿にするような態度で）
「こちらはイタリア製でとても品質がいいんですがご予算的には無理でしょうか？」

お客様 「こちらで結構です。イタリア製をください」
（馬鹿にするのもいい加減にしなさい！ 私にだって）

店員　　　お客様
P　　　　P
A　　　　A
C　　　　C

8.
社員A （クスクス笑みを浮かべながら冷静に）
「今月はよくがんばったじゃないか、なんとか営業目標に近づいたなぁ」

社員B （そっぽ向きながら）
「ああ、なんてことないさ。ちょっと本気を出せばこのとおりさ」

社員A　　社員B
P　　　　P
A　　　　A
C　　　　C

Transactional Analysis

> **解答例**

1.
上司「次年度の予算計画はいつごろまでにまとまるかな」
部下「来週の半ばごろまでには一応まとめることができると思います」

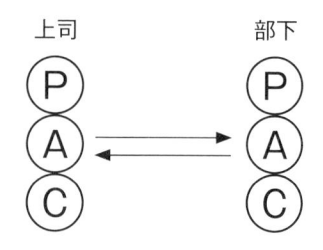

　　　　　　　上司　　　部下
　　　　　　　Ⓟ　　　　Ⓟ
　　　　　　　Ⓐ ⇆ Ⓐ
　　　　　　　Ⓒ　　　　Ⓒ

2.
上司「A社さんへの納入はもう済んでいるのだろうか」
部下「あっ！　どうもすいません。このところ忙しかったものですから、つい忘れていました」

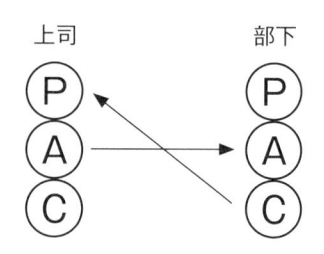

　　　　　　　上司　　　部下
　　　　　　　Ⓟ　　　　Ⓟ
　　　　　　　Ⓐ ──→ Ⓐ
　　　　　　　Ⓒ　　　　Ⓒ
　　　　（Ａ→Ｐ、Ｃ→Ｐの交差）

3.
社員A「今日も疲れたなぁ！　今夜一杯つきあえよ！」
社員B「見りゃわかるだろう。オレはお前ほど暇じゃないんだよ！」

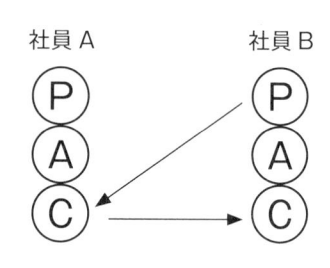

　　　　　　　社員A　　社員B
　　　　　　　Ⓟ　　　　Ⓟ
　　　　　　　Ⓐ　　　　Ⓐ
　　　　　　　Ⓒ ⇆ Ⓒ
　　　　（Ｐ→Ｃの交差）

4.
お客様「このPCはよくフリーズするんだ。早くなんとかしてくれよ～」
店員　（ちょっとむっとしながらも冷静に）
　　　「このPCは、普通にお使いになればフリーズなどしないものなんですがねぇ……」

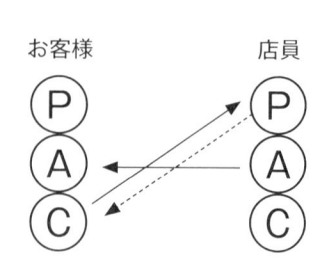

　　　　　　　お客様　　店員
　　　　　　　Ⓟ　　　　Ⓟ
　　　　　　　Ⓐ ←── Ⓐ
　　　　　　　Ⓒ ⇠⇠ Ⓒ
　　　　（裏面的交流）

5.

部下 「係長！　営業部門は無理難題を当然かのように押しつけるんですよ」

係長 「そんな無理難題を君に言うのには、それなりの理由があると思うけどなぁ」

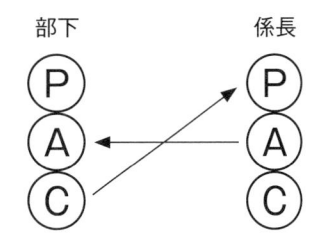

6.

部下 「課長、A社さんへのお詫びの手紙、書いたんですけど見てくれますか……、どうも僕は手紙を書くのが苦手で……」

課長 「手紙の書き方くらいちゃんと勉強しろよ！　まあ、貸してみろ！……うんうん、ここのところなあ、こんなふうにした方がいいぞ……」

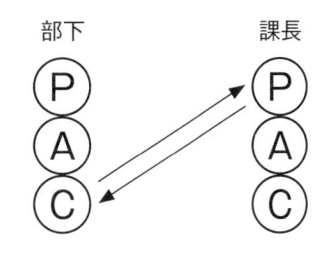

7.

店員 （冷やかすような、小馬鹿にするような態度で）
「こちらはイタリア製でとても品質がいいんですがご予算的には無理でしょうか？」

お客様 「こちらで結構です。イタリア製をください」
（馬鹿にするのもいい加減にしなさい！　私にだって）

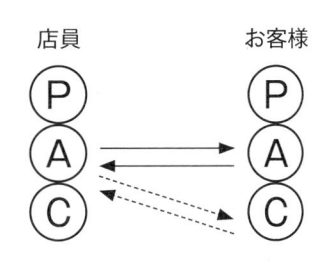

8.

社員A （クスクス笑みを浮かべながら冷静に）
「今月はよくがんばったじゃないか、なんとか営業目標に近づいたなぁ」

社員B （そっぽ向きながら）
「ああ、なんてことないさ。ちょっと本気を出せばこのとおりさ」

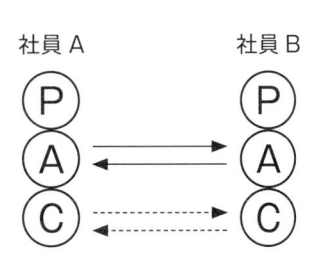

Transactional Analysis

ワーク9
やりとりの体験学習

ねらい

①やりとりの3つのパターンを、体験を通して理解します。
②体験を通して対人反応の実際と効果的コミュニケーションのあり方に気づきます。
③普段の自分は、どのようなやりとりの傾向をもっているのかに気づきます。
④言葉以外の言い方や表情・態度が、対人関係においていかに重要であるかを再確認します。

進め方

①各グループ（5〜10名ほど）ごとに、椅子6脚を下図のようにグループの中央に配置し、それぞれ、Ⓟ、Ⓐ、Ⓒの席を決めます。

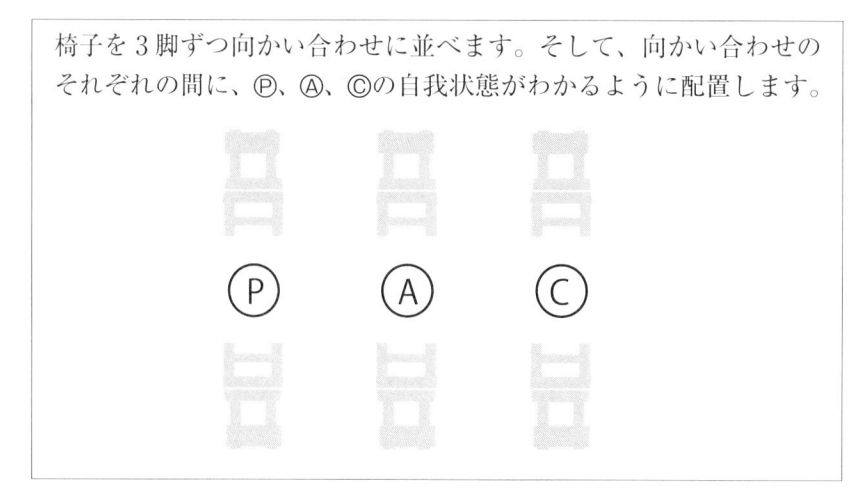

> 椅子を3脚ずつ向かい合わせに並べます。そして、向かい合わせのそれぞれの間に、Ⓟ、Ⓐ、Ⓒの自我状態がわかるように配置します。
>
> Ⓟ　Ⓐ　Ⓒ

●ファシリテーターは、Ⓟ、Ⓐ、Ⓒが大きく印刷された用紙をグループ分、事前に用意し、配布します。
②それぞれのグループから、ふたりのボランティアに出てもらいます。
③ボランティアには、3つの椅子がそれぞれⓅ、Ⓐ、Ⓒの心のチャンネルの椅子であることを認識してもらいます。
④ボランティアのふたりは、それぞれ"今ここ"の自分の心のチャンネルに気づき、その該当する心のチャンネルの椅子に座ってもらいます。

- ●例えば、何をやるのか不安であれば◎の椅子に座ります。
⑤観察者には、どのようなやりとりが行われているのかをしっかりと観察し、グループでふり返る際は、中心となってふり返ってもらうようにあらかじめ伝えます。
- ●このワークでは、ボランティアは椅子（心のチャンネル）を移動することに懸命であり、余裕はありません。観察者がふたりの動き（言葉や言い方や態度、表情など）をしっかりと観察し、どのようなかかわりが起こっているかを気づき、後にふり返ることが鍵となります。観察者のための演習ともいえます。
⑥下記の例を参考に、ボランティア自身が独自の話題を決定し、やりとりをはじめてもらいます。
〈話題の例〉
　・事前課題（あらかじめ受講者が用意してきた自分の実体験）
　・この研修について
　・私のコミュニケーションのくせ
　・私の悩み
　・男性と女性
　・望ましい人間関係　　……などなど
- ●話題は、ボランティアの話しやすいものや興味のもてるものを提供します。ボランティアがお互いのデータをもっている関係にあるときは、できるだけ現実のテーマを取り上げることが望ましいです。
（例：サッカーが大好き、ともに中日ドラゴンズファンなど）
- ●接客の機会が多い受講者の場合、事前課題として、「最近、お客様の立場で経験した嫌な体験、腹が立った場面」もしくは、「接客応対で、お客様から苦情・クレームを言われた場面」の具体的なやりとりを１例以上持参してくださいと依頼し、取り上げるとよいでしょう。
- ●事前課題を取り上げる場合、自分役とお客様役を別の人に演じてもらうことで、当事者の気づきが増します。あるいは、当事者が一人二役で両方の役を同時に演じ、椅子を移動してみることも有効です。
⑦ボランティアはやりとりしながら、今の自分はどの心のチャンネルで話しているか（聞いているか）に気づき、その心のチャンネルの椅子に素早く移っていきます。
- ●ただ、だらだらと会話が続くという状態にならないように、話題はできるだけ結論づけられることが好ましいでしょう。
⑧５分ほどで別のペアに交代し、新しい話題でワークを繰り返します。

ふり返り

①２、３組の実習が終わった時点で、それぞれのグループで、気づいたこと、学んだことをふり返ります。
②その後、全体でシェアします。
③次に述べる「メラビアンの法則」の確認をし、下記を参考にまとめのコメントを述べるとよいで

Transactional Analysis

しょう。

●●メラビアンの法則を紹介すると、言葉を軽視しはじめる参加者が稀にいますので、「言葉だけではなく、言い方や表情態度をしっかり一致させて相手に伝えないと、誤解を与えてしまうということです。決して、言葉は適当でいいという乱暴な解釈をしないでください」とコメントを添えます。

まとめ

メラビアンの法則

　メラビアンの法則とは、アメリカの心理学者アルバート・メラビアンが1971年に提唱した法則です。彼は、私たちのコミュニケーションが他人にどのような影響を及ぼすかという実験を行いました。

　実験の内容は、メッセージの送り手がどちらとも取れるメッセージを送った状況において、言葉、言い方、態度や表情などのいずれが優勢なメッセージ要素となるかというものです。

　実験の結果、話の内容などの言語情報が7%、口調や話の速さなどの聴覚情報が38%、見た目などの視覚情報が55%でした。この割合から「7－38－55のルール」とか、「言語情報＝Verbal」「聴覚情報＝Vocal」「視覚情報＝Visual」の頭文字を取って「3Vの法則」といわれています。

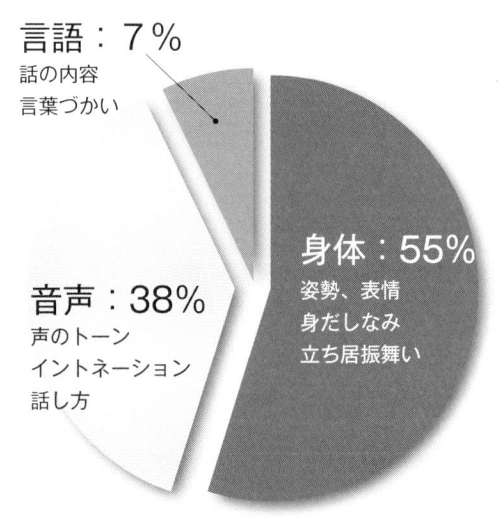

言語：7%
話の内容
言葉づかい

音声：38%
声のトーン
イントネーション
話し方

身体：55%
姿勢、表情
身だしなみ
立ち居振舞い

図3-2　第一印象～メラビアンの実験結果

コミュニケーションとは

　一般的にコミュニケーションというと、「伝達」、「連絡」という意味に解され、どこか一方通行的なニュアンスが強いのですが、英語の「コミュニケート（communicate）」の語源は、ラテン語の"communicare"です。これは「与える」とか「分かち合う」、「共有する」という意味で、オックスフォード英語辞書では「人と共通の扉を持つ」という意味であると定義しています。

　コミュニケーションとは、単に「伝える」というよりは、人と人との間で、あることが共通してわかり合えている、共有されている状態をつくり出すという双方向的なニュアンスをもつ言葉なのです。

　私たちはとかく、この双方向性ということを忘れ、「言ったはずだ」、「伝えたはずだ」→「しっかりと聞いてない部下が悪い」と思いがちです。しかし、これは本来の意味のコミュニケーションではありません。ある人が伝えたいことが、まず相手に正確にわかってもらえること、その共通理解が成り立つことがコミュニケーションのポイントなのです。ある事柄について当事者同士が「よしわかった」という納得した状態になったときが1つの区切りだといえます。

ＴＡによる人間関係の改善

　私たちが職場で感じている悩み（ストレス）の最大のものは、上司や同僚、部下との人間関係です。日ごろは平静を装っている人でも、心の底では「ちぇっ、何言っているんだ」、「こいつは、これだからダメなんだよ」などと思っていたりすることがあります。

　人間関係はあくまでも自分と相手との双方のやりとりから成り立っているわけですから、うまくいかない場合は、お互いに責任があります。自分がこれまでと違うかかわり方を選択し、人間関係を改善する努力をしていけば、これまでと違う相手の反応が返ってきます。それにより、問題が解決できるというスタンスがＴＡの基本的な考え方です。

　人間関係にトラブルが生じるのは、相互の自我状態のやりとりが平行せずに交差していたり、表面のやりとりとは別に隠れたやりとりが行われているためです。私たちがふだんなにげなく行っているやりとりには固有のくせがあり、それが相手や話題にふさわしくないかたちであらわれてしまうことが、隠れたやりとりを生むことになります。

　このような問題のあるくせを直していくには、その時々の状況に応じて、自分の自我状態のどの心のチャンネルを用いて対応すればいいかに気づき、そのチャンネルを働かせればよいといえます。つまり、客観的にＴＰＯを判断できるアダルトの自我状態Ⓐを働かせて、状況にもとづいて応答していくことがスムーズなコミュニケーションをはかり、よりよい対人関係を築く基本となります。

　また、3つの自我状態Ⓟ、Ⓐ、Ⓒのいずれをも、臨機応変に始動させられることが望まれます。たとえば、同じ同僚であっても、つねに彼のⒶに対応した自分のⒶを働かせるばかりでなく、遊びの話をするときはⒸ、正々堂々と批判するときはⓅを働かせる、というような柔軟な切り替えが必要です。

Transactional Analysis

ワーク10

対人反応——PACを見分けるポイント

ねらい

①話し手の自我状態（刺激）により、受け手のどの自我状態をフック（触発）しやすいか、その傾向に気づきます。

②自分の優先的に働く心のチャンネルが日ごろ、相手のどの心のチャンネルをフックしている可能性があるかに気づきます。

③コミュニケーションは、話し手ではなく相手（受け手）に決定権があることを再確認します。

進め方

①ワークシートを配布します。

②「ワークシートの左側がみなさんで、相手が右側だとします。もし、みなさんがとてもＣＰが高い人、あるいは、今とても機嫌が悪く腹を立てＣＰのアンテナが立っていると仮定して会話をすると、部下のどの心のチャンネルをフック（触発）するでしょうか。このように、それぞれＮＰだったら、Ａだったら……と、5つのチャンネルについてグループで（ペアで）考えてください」と出題します。

● ●ワークシートでは、右側を部下としましたが、状況に応じて、お客様、上司など、臨機応変に応用ください。

③ワークシートに、各自我状態がどの自我状態をフックするか、矢印で記入してもらいます。

ワークシート　　対人反応――PACを見分けるポイント

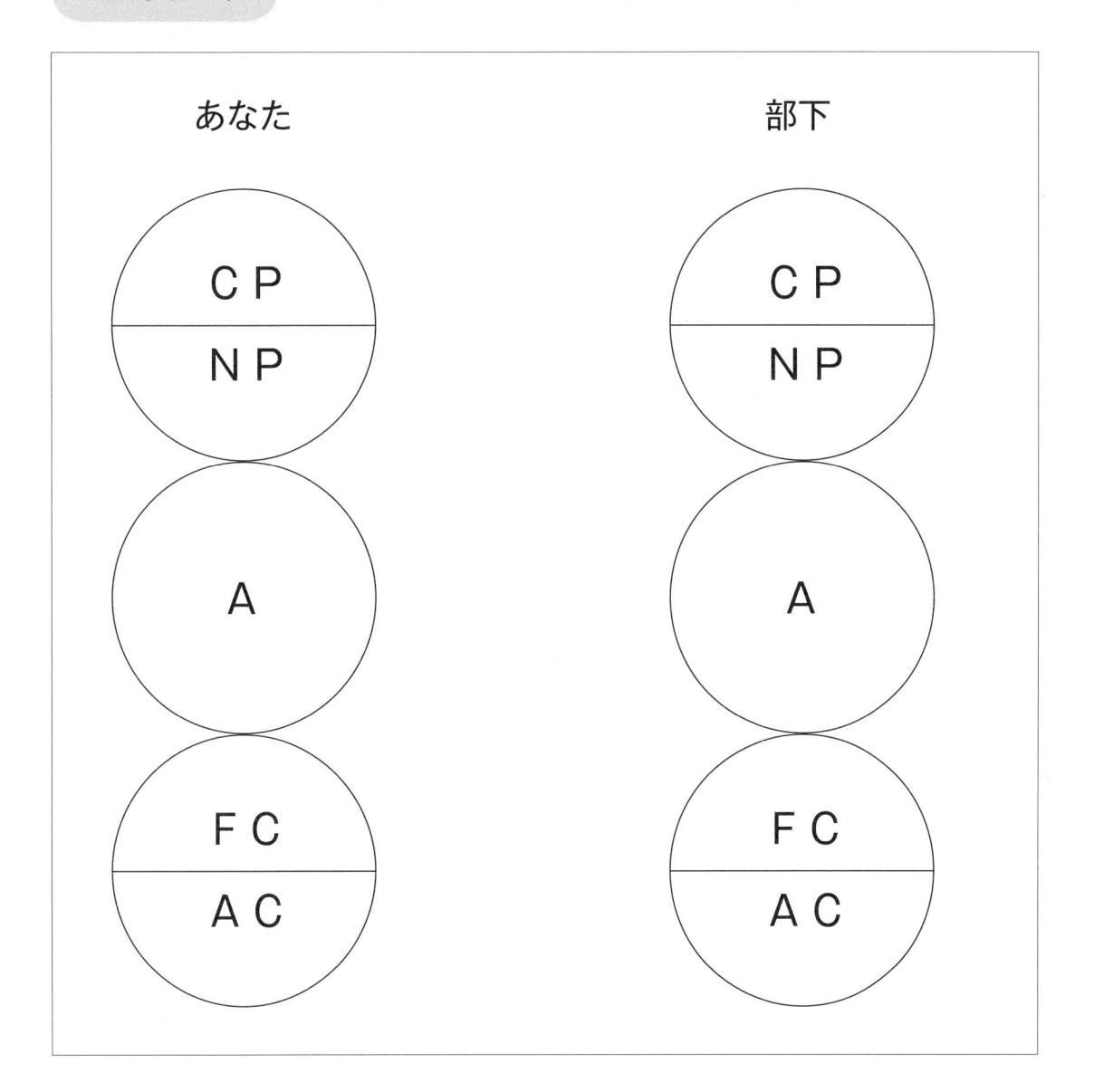

あなた　　　　　　　　　　　部下

CP
NP

A

FC
AC

CP
NP

A

FC
AC

解答

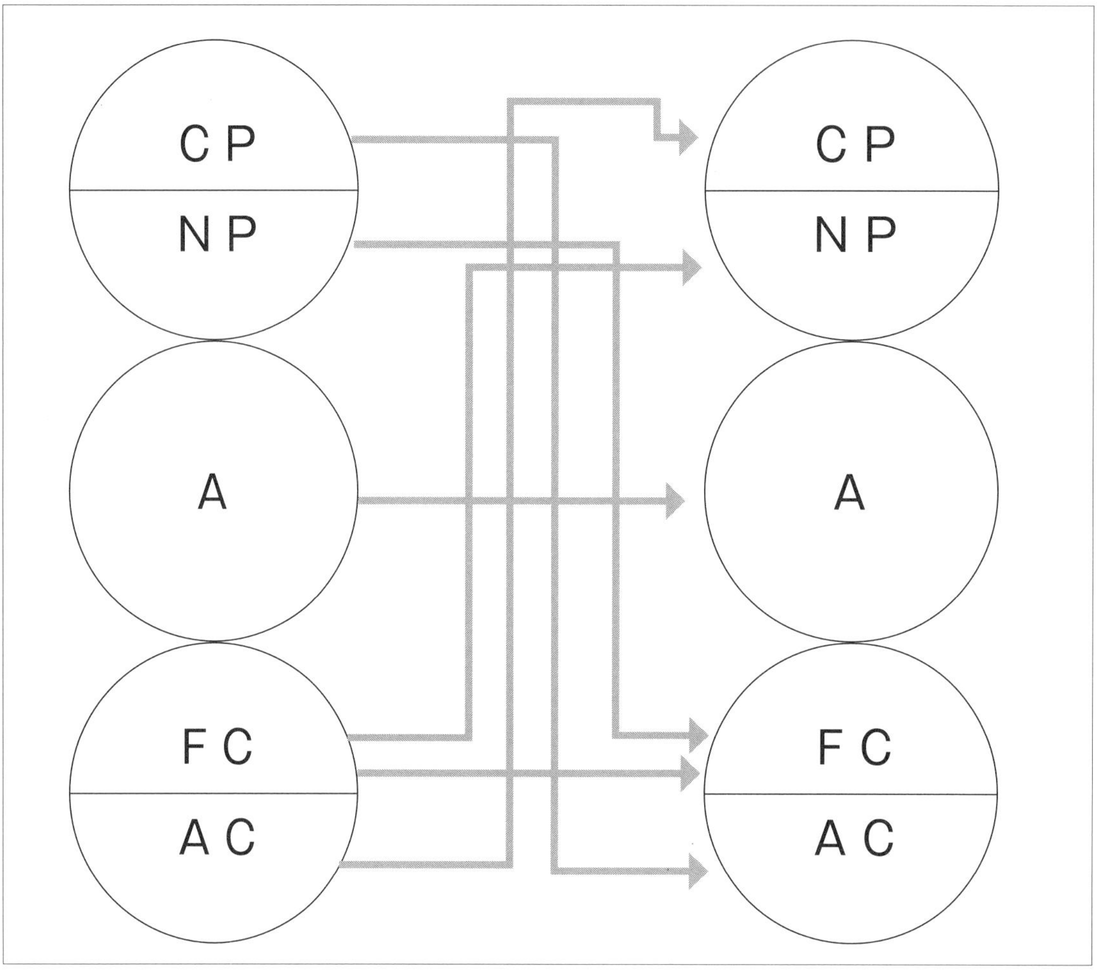

ふり返り

①ファシリテーターは、ワークシートと同じ図形をホワイトボード（もしくは、パワーポイント）に描き、ＣＰ、ＮＰ、Ａ、ＦＣの順に答え合わせをします。

●●ＣＰの場合、次のような実習をすると理解が深まります。

全員立ち上がり、近くの仲間とペアを組みます。それぞれ向かい合いながら、３ｍほど離れて見つめ合います。ふたりでＡさん、Ｂさんを決め、Ａさんは目線を合わせたままの状態で、その場にしゃがみこみます。目線を合わせたままの状態で、Ｂさんは腕を組み、眉間に皺を寄せるなど、ＣＰを演じて30㎝ほどまで近づき、見下ろします。

> この状態で、ＣＰの相手に見下ろされたＡさんは、どんな感情が湧きあがったでしょうか？　態度や表情は？　などと問いかけます。たいていの人は、相手を「恐い」「威圧感がある」と答えます。そう思うあなたのチャンネルは？　と尋ね、ＡＣであることを自覚してもらいます。

- ●メラビアンの法則の通り、目線の高さは表情や態度に含まれます。ですから、目線の高さが変わるだけで、かなりの威力（威圧感）が発揮されます。そのため、目線の高さなども考慮に入れながら、叱る、ほめるという行為を行うことも、ときに必要だといえます。
- ●この実習は、サービス業などの接客を主とする業界や職種の参加者の場合、とくにじっくりと取り組むと、非言語の重要さを体感できます。
- ●コミュニケーションに正解などありえないため、ここでいう正解はもっとも反応として可能性が高いという意味であることを、伝えます。

■ＣＰ

ＣＰはＡＣをフックします。

こちらがＣＰにチャンネルが入り、相手もＣＰが高い人であれば、言い争いが起こることが多いでしょうし、逆に同じＣＰ同士でも、価値観が同じであれば、平行的やりとりになり、会話が延々と続くこともあります。ＣＰの高いＱさんが「最近の大人は堂々と電車の中で携帯で電話しおって、けしからんですな！」と言ったとき、同じような思いを抱いているＫさんであれば、「そうそう、まったくＱさんの言う通りですな！……」と言うなど、延々と会話が展開されます。

■ＮＰ

ＮＰはＦＣをフックします。

ＮＰでにっこりと微笑まれれば、相手は身構える必要もなく、ありのままの自然なその人でいられるので、ＦＣをフックされます。

■Ａ

ＡはＡをフックします。ビジネスの会話はＡが中心で、Ａ同士で情報の交換や問題の解決などをしています。

■ＦＣ

ＦＣはＦＣとＮＰをフックします。

ＦＣの仲間から、「ねぇねぇ、今夜あたり一杯行こうよと言われたら、みなさんはどう答えます？」などと誘い水を撒きながら、「いいねぇ、行こう！　行こう！」などというＦＣの反応や「そうだねぇ行こうか」というＮＰを受講者から引き出します。

②もう一度、ＡＣはどの心のチャンネルをフックすると思うかグループで２〜３分検討してもらいます。

- ●以下の筆者の体験談などをヒントとしてお話するのもよいでしょう。

ＡＣがフックするチャンネルは？──Ｔ君の事例
ここでは、筆者の体験談をご紹介します。

> もう10年以上も前のことになりますが、毎週出向くことになっていたコンサルタント先の企業での出来事です。筆者がコンサルティングを終え、午後から別のコンサルティング先に移動しようとしていたとき、駐車場で次のような依頼を受けました。
>
> 依頼者は29歳の主任職の若手リーダーＴ君です。彼は私の役割をよく知っており、私も毎週出向くクライアントでしたので、Ｔ君の仕事内容などを理解していました。
>
> Ｔ君：「畔柳さん、お帰りのところ申し訳ありません。相談があるんですが、よろしいですか」
> 筆者：「別の企業に移動しないといけないので、ゆっくりとした時間はとれないんだけど、それでいいですか？」
> Ｔ君：「実はうちの課長のことなんですが、何かというとボクばっかりを煙たがるんですよ。自分に心当たりがあれば、反省もするんですが、心当たりのないことまで八つ当たりのようにされて……」
>
> （しばらく事情を聞いた後）
> 筆者：「じゃあもう少し詳しく聞きたいから、来週の11時に時間をくれる？」
>
> と同意を得て、翌週、出向きました。
>
> 9時から社長との面談が入っていたのですが、社長が打ち合わせで少し遅れるとのこと。筆者はオフィスで待たせてもらいました。このような空き時間は、クライアント先のコミュニケーションの質をキャッチするチャンスとして、従業員のやりとりを積極的に観察しています。
>
> たまたま運が良いことに、このとき、Ｔ君の部署の様子を拝見することができました。Ｔ君の話題にあがっていたＢ課長がＴ君と同僚のＭ君に仕事を依頼しようと呼び止めています。
>
> Ｂ課長：「Ｍ君、ちょっと来てくれ！」
> Ｍ君：「はい何でしょうか」（メモとペンを持ちながら）
> Ｂ課長：「やぁ忙しいところ悪いが、明日までに◇◇の仕事を仕上げてくれ」
> Ｍ君：「明日の14時までででしたら大丈夫だと思いますが、それでよろしいでしょうか？」
> Ｂ課長：「14時であれば大丈夫だ。頼んだぞ！」
>
> Ｂ課長とＭ君との会話は、ⒶとⒶの平行的やりとりです。上司ですから、「やっておいてくれ」「頼むぞ」などの語尾を使うことがあり得ます。この語尾だけでＣＰと解釈しては、上司の大半の言葉がＣＰになってしまいます。
>
> その後、例のＴ君がＢ課長に呼ばれました。
>
> Ｂ課長：「Ｔ君、ちょっと来てくれ！」
> Ｔ君：「はい、何でしょうか」
> Ｂ課長：「来週の金曜日の朝一まででいいんだが、☆☆を仕上げてくれないか」
> Ｔ君：「え〜〜と、そうですね、来週の金曜日までということでしたら……え〜」（わかりや

> すいほど、ＡＣのアンテナが立っています。その直後でした。）
> Ｂ課長：イライラしながら、「できるかどうか聞いているのに、さっさと答えんか、それくらい即座に判断しろ！」
>
> 　この関係は、残念ながら、Ｔ君が過剰にＡＣのアンテナを立ててしまうために、怒らせなくてもよいＢ課長を怒らせてしまっています。
> 　困って相談したＴ君ですが、筆者から見れば、Ｔ君がわざわざＢ課長を怒らせてしまっていると解釈できます。
> 　これでは、筆者が仮に社長に進言して、Ｔ君を異動させたところで、Ｔ君自身が自己変革しなければ、結局、次の異動先でも怒り屋さんを製造してしまうことになります。そのため、筆者はＴ君に上記の関係性を率直に伝え、Ｔ君の自己変革を促しました。
> 　このような場合、Ｔ君が"自分のことを大切にしながら、上司をも大切にする"かかわりが求められるため、ＴＡだけでなく、アサーティブ・コミュニケーションをスモールステップで学習してもらいました。（アサーティブ・コミュニケーションについては、拙著『言いたいことが言えない人のための本』（同文舘出版）をご覧ください。）

③ＡＣの答え合わせをします。

■ＡＣ

ＡＣはＣＰをフックします。

ＡＣには、"反抗のチャイルド"（すねたり、ひねくれたり）という面がありました。筆者はＡＣの"反抗のチャイルド"と接すると、イラッとして、ＣＰのアンテナを高めてしまう傾向があります（Ｔ君のような従順なＡＣであれば、じっくりとＮＰで寄り添えるのですが……）。その意味でも、ＡＣはＣＰをフックしてしまいやすいといえます。

- ●Ｔ君の事例は、本来であれば、Ｂ課長にも管理職として次の点を気づいてもらいたいところです。

　対人関係における話し手側は、「何を相手に伝えるか」よりも、「何が相手に伝わったか」「どのように相手に伝わったか」が重要です。そして、伝えたら（言ったら）終わりではなく、自分の意図するように届いているか、受け取ってもらっているか、「ドッヂボールではなく、キャッチボール」となっているかを見届ける責任があります。

　このケースの場合、Ｂ課長はふたりの部下に同じようにかかわっていますが、Ｍ君とは順調であっても、Ｔ君とはやりとりがうまくいっていないと察するべきです。対人反応でいえば、Ｂ課長はどちらの部下ともＡでかかわっているのですが、Ｔ君からすれば、ＡではなくＣＰとして映っているのです。それはＴ君のパーソナリティがそうさせているのであり、Ｂ課長にばかり責任があるとはいえません。しかし、このままふたりの関係に改善が見られなければ、Ｂ課長もまた、部下を育てられない管理職という烙印を押されかねません。

　コミュニケーションのキャッチボールは、常に相手が決定権をもっています。仮にＢ課長が「自分はＡで接している」と言い放ったとしても、それは常に"Ａでかかわっているつもり"なのです。なぜなら、決定権をもつ相手（Ｔ君）からすれば、ＡではなくＣＰと受け取っているからです。

Transactional Analysis

　筆者は、常日ごろからやりとり分析を実行して欲しいなどとは思っていません。むしろ、普段はこのような分析など忘れ、みなさんのありのままの自分でかかわって欲しいと思っています。それこそ、ＴＡが大切にする自己開示であり、オープンなコミュニケーションだからです。

　しかし、ときおり、"あれ？　最近○○君とうまくコミュニケーションが図れていないな"などと感じたときは、やりとり分析を通して自己をふり返る機会をもっていただきたいのです。

　相手は自分の鏡です。自分はＡだと思っていても、相手がＡＣにチャンネルを入れたのであれば、"あれ？　彼にはＣＰとして映っているのかな"と自分を顧みるチャンスです。

　"気づき"は"築き"のスタートです。気づいたとき、それが、自分が変わるチャンスなのです。

●●やりとり分析など知らなくとも、コミュニケーションの上手な人は相手の期待するチャンネルでラポール（信頼関係）を形成し、生産的なやりとりをしているものです。

　例えば、クレーム応対の場面では、お客様は通常、立腹されＣＰのアンテナを立てていることが大半です。そのような場合、応対者は、冷静にＡで対応してしまっては、相手の怒りは収まりません。そのため、ＡＣでしっかりとお詫びをしながら、お客様の怒りをしっかりと受けとめます。そして、電話口のお客様の怒りのトーンが下がったとわかったら、応対者はＡにチャンネルを切り替えて、「ところで、お客様、その件に関しましては……」と問題（クレーム）を解決する情報を提供し、一緒に解決への歩みをはじめます。

　最近はコールセンターの質が下がっていると数社の責任者から伺います。お詫びの枕詞（クッション言葉）を用いることなく、いきなり、Ａで冷静に会話に入り、お客様をますます怒らせてしまう対応が多くなっているようです。

　ぜひ、接客業でなくとも、ＡＣの役割を果たすクッション言葉を身につけていただきたいものです。

〈参考〉

「クッション」は衝撃を和らげる働きがあります。

「クッション言葉」は、言葉の響きを和らげ人の心をなごませてくれるとともに、これを用いることによりお互いがより良い人間関係をつくることができます。

　人に何か頼むとき、お願いするとき、お断わりするとき等は、"気遣いの言葉"（クッション言葉）を活用すると効果的です。

1. 恐れ入りますが……
2. 失礼ですが……
3. 申し訳ございませんが……
4. あいにくでございますが……
5. おさしつかえなければ……
6. 恐縮ですが……
7. ○○様さえ宜しければ……
8. お手数をおかけいたしますが……
9. ご足労をおかけいたしますが……
10. ご迷惑とは存じますが……
11. ご面倒をおかけいたしますが……
12. 大変勝手ではございますが……
13. 誠に申し上げにくいのですが……

やりとり分析が会社を変える

　第3章の最後に、やりとり分析の考え方を用いて、とても成功した筆者の事例を紹介します。

　いまから20年弱も前の話になります。当時、20代で経営コンサルタントとして独立していた筆者に、友人がお客様を紹介してくれました。

　運送業（従業員200名）を営む65歳の創業者からの依頼でした。友人からの紹介でしたし、筆者は20代の若造でしたから、その経営者（G社長）は、しばらくの間、会社ではなく、外の喫茶店で会いたいという希望でした。

　喫茶店でお会いすると、G社長は、「従業員は可愛いがなかなか積極的にアイデアや改善策を提案してこない。君の力で管理職が積極的に提案してくるようにサポートして欲しい」と、おっしゃいました。

　その後も数回、喫茶店でお会いし、データをもとに少しずつ企業診断に取り掛かりました。良いお客様を確保しており、財務分析のそれぞれの指標は素晴らしい内容でした。次に給与をパソコンのプロット図で分析したところ、G社長と奥様（経理をひとりで担当）で6千万円の所得でした。適正な法人税を支払っているのですから何ら問題はありません。次に、一度、喫茶店でご紹介いただいたNo.2という課長の年収を見たところ、税込470万円でした。しかも、役職は課長です。このあたりから、筆者の疑問が徐々に湧きつつありました。

　G社長はとても紳士的で、仲介してくれた友人の評判も良い方でしたが、どうもG社長自身からのヒアリングだけでは問題があると思いはじめました。

　通常、筆者のコンサルティングは、決算書などの経営診断から、経営者が出席する会議なども拝見し、モラールサーベイ、アンケートやヒアリング調査などで診断をします。もっとも風土の一端が垣間見えるのは経営者が参加する会議ですから、真っ先に同席させていただくのですが、上記の通り、G社長から外の喫茶店で……という依頼があったため、同席できないでいました。

　G社長は、「うちには役員のレベルは育っていない。まだ課長が最も上位なんだ。役員は税理士や弁護士の先生方に依頼している」とコメントされました。

　あるとき、まだ正式な契約前でしたが、たまたま近くを通った私は、G社長に手渡したい資料を持っており、外出先から会社に立ち寄る許可をいただきました。

　すると、どうも会社の雰囲気が異様です。創業者とはいえ、社員はみなG社長を奉るようなふるまいで、今までに見かけたことのないほどの、古い体質を感じとりました。

　そろそろ会議を見せていただこうと思い、G社長に掛け合ったところ、すんなりと了解を得ました。翌週、会議に参加して、わかりやすいほどの関係性に驚きました。G社長は、私には可愛いと言っていた部下を「お前ら何をやっとるんだ！」とどなりつけており、パワハラといえるようなかかわり方でした。ただただうなだれ、G社長の怒りが静まるのを待つ従業員の方々を見て、本当にお気の毒と感じました。バブルが崩壊し、転職市場が冷え込む中では、社長に従うしかなかったの

かもしれません。

筆者は、早速、G社長にTAを進言しました。心理学に興味をもっていることを友人から聞いていましたので、興味をもってG社長は筆者のオフィスにTAの個人指導に出向いて来られました。

やりとり分析まで説明すると、威勢のよかったG社長は、すっかりおとなしくなっていました。筆者が「社長どうしました？」と尋ねると、「わかったよ。君の言いたいことはよくわかった」とうなだれていました。

あえて意地悪ですが、「この図の関係で捉えた場合、社長が左側、管理職の方々が右側だとすると、どのチャンネルを育てたいのですか」と問いかけると、「だからわかったと言ってるじゃないか、積極的に提案してくれるのだから、FCを育てたいんだ！」と。

「では社長、これまで熱心にどこのチャンネルを育てていたんですか？」

社長は、積極的にアイデアを提案してくれるFCの部下が欲しいと言いながら、実際は"俺の言う通りに黙って従え"と、AC優位の部下を育てていました。

筆者は、「社長はどうしたいんですか。私に高いお金を出しても、社長が変わろうとしないのなら、私へのお金は無駄使いになりますよ」と続けたところ、G社長は、自分の責任をうすうす感じながらも、自分が変わらなくて済むなら、とそのままに過ごしてきてしまったことを正直に打ち明けてくださいました。

進化（成長）の起点はとてもシンプルです。「このままではいけない」と思えるか、「このままでも大丈夫」と思うかのいずれかです。

よく研修で、「部下を何とかして欲しい」と言いながら、リーダー自身は、変わろうとしないリーダーを見かけます。トルストイも、「人はみな世界を変えたいと思うが、自分自身を変えたいとは思わない」といっています。自分を安全なサイドに置いて相手サイドに変革を求めるか、同じサイドに立って変革を推進するか、そこには大きな違いがあります。

エゴグラムや、やりとり分析の良さの1つは、"見える化"です。見えればわかるのです。そして、わかれば変えられるのです。

G社長は、FCの部下を育てたいのですから、対人反応を逆算すれば答えが導き出されます。NPかFCでかかわるということです。しかし、2つも同時に意識すると集中力が分散してしまい効果的ではありません。そこで、筆者はG社長に、どちらか1つを選択するように提案しました。

G社長は、これまでのふるまいを恥じ、NPを高めたいと切に願っていました。さらに筆者から、「社長、急に社長がこれまでのCPからNPに変わってしまっては、社員のみなさんは動揺し効果的だといえません。ですから、徐々に変わるというのが常道です」とアドバイスを添えました。

社長は私のアドバイスを守らず、いろいろな場面でNPを発揮したそうです。笑い話ですが、しばらくの間、社員の間からは、「社長が宗教に被れたらしい」「洗脳セミナーでも受けてきたのかな」などの噂が広がりました。

外部の筆者のもとにも噂話が届くくらいですから、当のG社長にも届いていることでしょう。それでもG社長は筆者との約束に誠実に取り組み続けました。

65歳という年齢から自己変革に精力的に取り組む姿勢には、本当に尊敬の念を抱きました。そ

んな社長を筆者も懸命に支え、幹部の方々の育成に努めました。

　それから、3カ月ほど経ったころでしょうか。徐々に、№2を筆頭に、少しずつ提案が出されはじめました。そして、いまから5年前に№2が社長となり、G社長は会長職に退き、会社は順調に業績を出し続けています。

　ＴＡの根底に、「過去と他人は変えられない、変えられるのは自分と未来」という考え方があります。

　この例でもまさに、G社長自らが変わりはじめてから、管理職からアイデアが出はじめたのです。

第4章
ストローク
――モチベーションと職場の活性化

1 ▶ ストローク"心の栄養素"とは

　私たちは、毎日、食事を摂ることでエネルギーを蓄えています。その食事と同じくらい、あるいはそれ以上に私たちが生きる上で大切なものを、ＴＡでは、ストロークと呼び、重要な概念として用いています。

　筆者は、ストロークを"心の栄養素"とも表現し、特に私たちのモチベーションや職場の活性化に欠かすことのできないものとして最も大切にしています。

　ストロークとは、自分で自分の存在価値を認める働きかけ、また、周りから自分の存在価値を認めてもらう、周りの人の存在価値を認める働きかけの総称をいいます。

　私たちが生活するあらゆる場面でストロークの交換がなされています。たとえば、出勤時の「おはよう」という挨拶やオフィスですれ違ったときの「元気でやってるか！」という声かけ、「それっていいんじゃない！」というＯＫメッセージなど、さまざまな認める働きかけがやりとりされています。ミスをした部下に対して「ちゃんと確認したのか！」と否定的なメッセージ（叱責）をするのもストロークの一つです。

　一方、ストロークとは対照的なものをディスカウントといいます。周囲の人の存在価値を値引いてしまう、あるいは、周囲の人から存在価値を値引かれる働きかけをいい、自分で自分の可能性を軽視することも含まれます。

　ストロークには、肉体的なタッチ・ストロークと心理的なストロークがあり、それぞれ肯定的なものと否定的なものとがあります（表4-1）。

肯定的（プラスの）タッチ・ストローク

　愛撫、抱擁、キス、握手、さする、なでるなど、肉体的にとても気持ちのよいものです。肌のふれあいを通して、私はあなたの存在を認めていますよ、というメッセージをおくっています。

　乳幼児期は言葉をあまり話せないため、ストロークの多くがタッチ・ストロークになり、それによって"心の栄養"を満たしています。

　ビジネスの場面では、握手が一般的かもしれませんが、上司が部下を思いやって肩に手を置くなどもタッチ・ストロークの一例です。

表 4-1　ストロークとディスカウント

	自他の存在価値を認める働きかけ（ストローク）		自他の存在や価値を軽視したり無視したりする働きかけ（ディスカウント）
	肯定的ストローク	否定的ストローク	
タッチ・ストローク（肌のふれあい）	なでる さする 抱く（ハグする） キスする ほおずりする 手をつなぐ・腕を組む 握手する ハイタッチする ふざけっこする 手当てする マッサージをする 手を差しのべる	軽く叩く	なぐる ぶつ ける 髪をひっぱる つねる 縛りつける 投げ飛ばす 押さえる ひじ鉄砲 自殺 殺人
心理的ストローク（心のふれあい）	感謝する 勇気づける 共感する ほめる 励ます 挨拶する 評価する 相手の話をよく聴く 信頼する	できていない事実のフィードバック 諭す 警告する 忠告する 注意する 反対する 叱る	拒否・否定 拒絶 説教・小言 皮肉・嫌み けなす・冷笑 仲間はずれ 情報を流さない 窓際族・仕事を干す 過干渉・過保護 とりあわない・軽視 陰口・うわさ話 無視・無関心

　最近のスポーツ界では、ハイタッチやハグも多く見かけられます。筆者はプロ野球の星野仙一監督のストロークが印象に残っています。阪神タイガースが優勝を賭けた試合で、当時の星野監督がサヨナラヒットを打った選手を抱きかかえながら喜ぶ姿です。それ以降、タイガースの選手には、「監督にハグされる」ということが最上のご褒美（優勝への原動力）になっていたようです。

　しかし、タッチ・ストロークは一歩間違ってしまうとセクハラにもなるため、異性の関係のやりとりは注意が必要です。

否定的(マイナスの)タッチ・ストローク

軽く叩く、軽くつねるなど、肉体的な痛みを若干感じるもので、幼児期にこのようなストロークばかりを受けると、成長する過程で自らの人格のバランスを失い、破壊的なことをしたり、病気になったり、対人トラブルを起こしがちになります。

肯定的(プラスの)心理的ストローク

言葉を覚えるころになると、タッチ・ストロークよりも、心理的ストロークが多くなります。筆者はなかでもほめる(感謝やねぎらいを含む勇気づけの行為)と聴く(相手を受容し共感する行為)の2つのストロークを推奨しています。自分が受け容れられ、ほめられると生きがいや働きがいを感じずにはいられません。

欲求の段階説を唱えたアブラハム・マズローは、「私たちは、仲間から愛され、認めてもらったとき、自分の価値に気づき、自分を大切にしようとすることを学び、そして自分をふり返り、より大きな目標を定め、これを達成しようという意欲に燃える。すなわち、成長しようとする」といっています(図4-1)。

肯定的ストロークは、私たちにとって自己実現への動機づけの大きなエネルギーとなるものです。

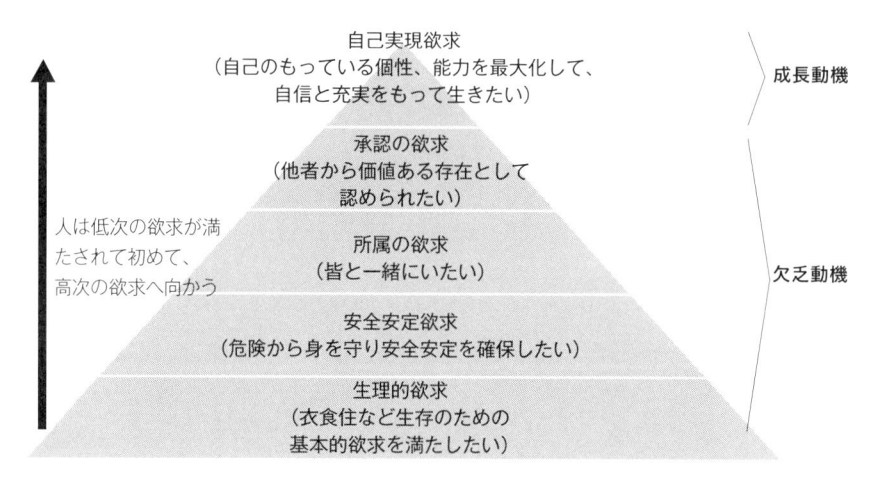

図4-1 マズローの欲求段階説

否定的(マイナスの)心理的ストローク

叱る、注意する、忠告するなど、心の痛みを感じさせるものです。否定的なストロークをもらって嬉しいはずはありません。その一時は落ち込みますし、ときには反抗したくもなります。しかし、ビジネスの現場では、欠かすことのできないものです。

頭ごなしに怒ってしまっては、それを受け取る人は、ディスカウントとして受け取る可能性がありますが、上手に叱ることができれば、モチベーションを高める働きかけになり得ます。そのポイントは、後ほど述べます。

無条件のストロークと条件つきのストローク

　ストロークは、無条件のストロークと条件つきのストロークに分けることもできます（図4-2）。

　無条件のストロークは、相手が仕事ができようができまいが、その人の存在そのものを認める働きかけです。条件つきとは、「目標を達成したから」「ミスなく仕事をやりおえたから」などと、上司（会社）の条件を満たした行為に対して与えるストロークをいいます。

　条件つきのストロークは、結果が出ているときは得られますが、努力をしても結果が出ないときは得られないので、部下はストローク飢餓の状態になってしまいます。

	無条件の		条件つきの	
	肯定的ストローク	否定的ストローク	肯定的ストローク	否定的ストローク
タッチ・ストローク（肌のふれあい）	相手の存在そのものに対するもの		相手の行為や態度に対するもの	
心理的ストローク（心のふれあい）				

図4-2　ストロークの分類

存在（Being）、行動（Doing）、所有（Having）

　私たちにとって、自分が存在すること（Being）を周囲から十分に認めてもらえるかどうかというのは、とても重要な問題です。

　存在すること（Being）を基盤として、私たちはさまざまな行動（Doing）を学びます。一所懸命に勉強したり遊んだり、冒険したり、新しいことにチャレンジしたり、人に働きかけたり、それらは自分の意志からそうする場合もあれば、周囲からそうさせられる場合もあります。

　このようにさまざまな行動をすること（Doing）を通して、いろいろなものを自分のものとして所有すること（Having）が可能になります。たとえば、学歴であったり、能力であったり、地位や名誉であったり、品物や金銭であったりします。

　基盤となる存在すること（Being）の部分が、しっかりとしたものであればあるほど、その上の行動すること（Doing）や所有すること（Having）をたくさん積み重ねていくことが可能になり、その人の能力も最大限に引き出されます。

　残念なことに、成果を追い求めるあまりに企業の中の人間関係は、Beingの重要さを忘れDoingやHavingを重要するという、偏った傾向がみられるように思えてなりません。

　Beingを重視し、しっかりと固めた上でDoingやHavingを積み重ねていくことは、従業員一人ひとりに安心感や居がい感を与え、それによって一人ひとりの個性や勇気、創造性が発揮されるのです。

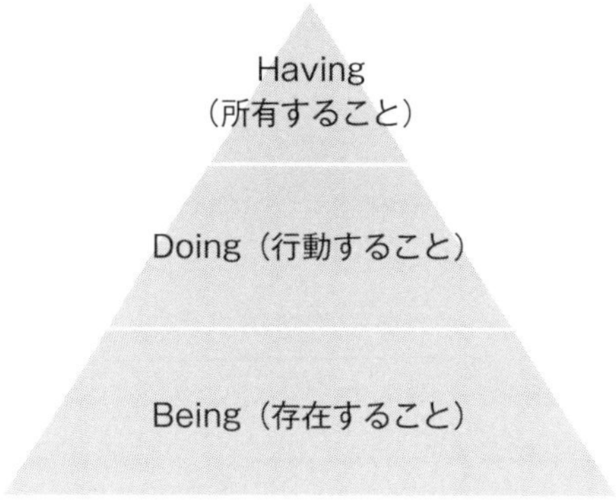

```
      Having
    （所有すること）

   Doing（行動すること）

  Being（存在すること）
```

図4-3 Having　Doing　Being

筆者が研修でほめ方の演習をすると、ほめる習慣が身についていない企業の受講者は、DoingやHavingをほめる傾向があります。

「今日のネクタイはセンスがいいね」、「今朝、駐車場でばったり会ったけど、いい車に乗ってるね」、「その髪型、若々しくていいよ」などなど。その際は、図4-3を説明し、Being（相手の存在）にもフォーカスを当てて欲しいとアドバイスしています。

2 ▶ 自分のストロークのクセに気づく

　私たちは誰しも、人から認められたい、という欲求をもっています。

　ＴＡの創始者であるエリック・バーンは、「人は何のために生きるか、それはストロークを得るためである」といいました。お互いに認め合い、"心のふれあい"をもてれば、これに勝る喜びはありません。もし、他人から認められることがなければ、どんなに財を築いて、高級車を乗りまわしたり、豪邸に住んだところで、心はうつろの日々を過ごさなければならないでしょう。

　私たちに最上の喜びをもたらすストロークを職場の人々や家族に与えることができれば、相手はいっそう能力を発揮しようという気持ちを抱き、人間関係も素晴らしいものとなるでしょう。

　ところが、そのことを理解したとしても、なかなかうまくいかないことがあります。それというのも、私たちは誰でも自分なりのストロークの与え方や受け方のくせをもっているため、純粋で素直な心のふれあいを交換しにくいからなのです。

　私たちは、子どものときに両親や学校の先生からしつけを受けて育てられてきましたが、彼らが、ほめたり、叱ったり、おだてたり、私たちに与えたストロークは、その人なりに固有のくせがありました。その影響を受け、自分なりに身につけたストロークは、与え方や受け方に独自のくせをもっています。

　私たちは日ごろ、意識的、無意識的に周囲にストロークを与えたり、周囲からストロークを受けたりして、やる気を起こしてイキイキと活動的になったり、逆にまったくやる気をなくしてきました。そのような経験をふり返ってみると、人それぞれがもつ固有のストロークのくせがわかってきます。あなたは、自分でどのようなストロークを、どのように与え、どのようなストロークを求めているのでしょうか。

　「君は、ずいぶんきつい皮肉を言うねえ」、「あなたは、ほめ上手ですね」……このようなことを言われでもしないかぎり、自分のストロークのくせを自覚することはないでしょう。

　自分のストロークの与え方、受け方の傾向をつかむことが、よりよい対人関係を築く第一歩です。

ワーク⑪ 働きがいを感じるとき

ねらい

①私たちが働きがいを感じるとき、いかにストロークと関連しているかに気づきます。

進め方

①ホワイトボードに、「私たちが働きがいを感じるとき」と書きます。
②「これまでの仕事人生の中で、とても働きがいを感じた瞬間はどのようなときでしたか？」と問いかけます。
●●受講者の反応を見て、少しむずかしいと思われれば、「働きがいというととても大きなテーマで、戸惑うようでしたら、最近の出来事で、働いていて喜びを感じた瞬間、ワクワクした瞬間はどのようなときでしたか」と、話題をやさしく表現します。
③個人で5分ほどの時間を設けた後、グループで気軽に話し合ってもらいます。
④どのような会話が行われたか、いくつかの事例を紹介してもらいます。
⑤ファシリテーターは、その事例のポイントをホワイトボードに板書します。
●●ふり返った際に出来事がわかる程度で結構です。
　例：ある航空会社では、「整備を担当しているAさんの場合、飛行機が出発する際、お客様が窓口で笑顔で手をふってくださる瞬間が、仕事をしていて嬉しい瞬間だそうです」⇒板書「お客様が出発時に笑顔で手をふってくれたとき」
⑥10前後の板書ができたところで、ストロークの解説をします。
●●ストロークの解説の前に受講者からの意見を抽出しておき、解説後、働きがいとストロークの関連性を確認するとよいでしょう。

ふり返り

①ストロークの解説後、ホワイトボードに記載した板書を1つ1つていねいに確認し、ストロークがいかに私たちの働きがい、やる気に影響を与えるものであるかを確認します。

Transactional Analysis

ワークシート　働きがいを感じるとき

ワーク12 ストロークの自己分析

ねらい

①これまでの自分のストローク・パターン（ストロークの与え方、受け方など）に気づき、今後の望ましい在り方に気づきます。
②イキイキとした対人関係を形成し、働きがいのある職場づくりを目指して、リーダーとしての自分の存在に気づきます。

進め方

①ワークシートを配布し、問1をファシリテーターが読み上げます。そして、「私たちは10歳くらいまでに対人関係の基本的なスタイルを習得するといわれています。みなさんは小学生ごろまで、どのようなストロークを与えてもらいましたか」などと、記入を促進します。
●●ファシリテーターは、一問ずつ読み上げながら進めます。
②問いの記入は、いったん問7までとし、各グループのリーダーを決め、問1から順番に問7まで、グループメンバーの記入例をシェアします。
●●問1の回答を全員発表し、ストロークや質問を投げかけ合います。その後、問2を全員でシェアし、同じようにストロークを交換したり、問いかけたりして、メンバー同士で深め合います。
③問8の記入に進みます。
④問8を記入したら、グループでシェアしながら、アドバイスやストロークをやりとりします。

Transactional Analysis

ワークシート　　ストロークの自己分析

　このワークシートは、あなた自身のストロークの与え方・受け方を理解するために行うものです。できるだけ正直に次の項目に答えてください。

1. あなたは、10歳くらいまでに、どのようなことをして、ストロークをもらいましたか。

　その経験は、今のあなたにどのように影響していますか。

---

2. あなたは、他人に働きかけるときに、何か特有のストロークのくせをもっていませんか。言葉だけでなく、表情や身振り、口調も考えてください。それは相手にどんな印象を与えていると思いますか。

（　誰に　）	（どんなストロークを）	（相手の印象は）

3. あなたは、他人からどのようなストロークをもらったときが一番うれしいでしょうか。建前ではなく、本音で考えてください。

（　誰から　）	（どんなストロークを）	（その結果は）

4．あなたが欲しいと思っているストロークで、これまでにあまりもらったことのないものはどのようなストロークですか。

_____

　もし、そのストロークを相手に要求したら、相手はどのような態度を示すでしょうか。

_____

5．あなたは、ふだん自分の欲しいストロークをどのようにして手に入れていますか。
　（1）ストロークを要求する方├─┼─┼─┼─┼─┼─┤ストロークを要求しない方
　　　　　　　　　　　　　　　7　6　5　4　3　2　1
　（2）その要求の仕方は？

_____

6．あなたは、欲しくないストロークをもらったとき、どのように対処していますか。
　（1）ストロークを受け取る方├─┼─┼─┼─┼─┼─┤ストロークを受け取らない方
　　　　　　　　　　　　　　　7　6　5　4　3　2　1
　（2）その受け取り方は？

_____

7．あなたは、自分に対して、どのようなストロークを、どのように与えていますか。

_____

8．あなたのストローク・パターンについて気づいた点は？

Transactional Analysis

ふり返り

①ペアで、自分自身の気づいたこと、学んだことをシェアします。
②気づいたこと、学んだことをグループでシェアします。
③「どのようなことに気づきましたか？」と問いかけながら、全体でシェアします。
④まとめとして、以下を参考に、ファシリテーター自身の経験やこれまでの参加者の意見などを紹介しながら、締めくくります。

まとめ

　筆者は、ストロークを与えたり、与えられたりということに限定せず、求めることも自分のモチベーションのコントロールや維持のために大切なことだと考えています。

　ある企業では、"笑顔ではじまり、笑顔で終わる会議"と題して、会議を活性化するためのプロジェクトが立ち上がりました。短期間で、とても成果が上がり、受講者からアンケートをとると、プロジェクト前のデータとは比べものにならないほど、受講者の会議への参加意欲が高まりました。

　プロジェクト・リーダーは、アンケートの中に、「プロジェクト・メンバーへ惜しみないストロークをどうぞ！」という欄を設けており、自ら積極的にストロークをおねだりする仕掛けをしていました。アンケートを回収するたびに称賛を得、満足げな笑顔をしていることが思い浮かびます。

　また、私たちは、自分にいろいろな意味でゆとりがないと、周囲へストロークを与えることができません。だからこそ、自分で自分にストロークをプレゼントすることが大切なのです。

ワーク⑬ ほめ方&叱り方のコツ

ねらい

①好ましいリーダーシップの発揮のために、ほめ方や叱り方のレパートリーを増やします。
②ほめること（肯定的ストローク）は、部下のモチベーションを高め、組織を活性化するために欠かすことのできないものであるという理解を深めます。
③叱ることは、部下の育成には欠かすことのできない大切なマネジメント行動であることを再確認します。
④日ごろの肯定的ストロークと否定的ストロークの与え方について見つめることにより、反省点や修正点に気づきます。

進め方

①ワークシートを配布し、個人で10分ほど問いに答えます。
②グループでリーダーを決め、意見を出し合い、模造紙やホワイトボードにまとめます。
- 意見をまとめる過程で、受講者間がどのようなストロークを与えているか、もらっているか、などにも気づくように、ファシリテーターから促します。そうすると、ファシリテーター自らが肯定的なストロークを実践しているというモデルになるという目的も果たせます。
  例：Bグループでは、人の話を聴こうとするストロークがうなずきやあいづちなどで感じられますね。みなが前傾姿勢で積極的にかかわろうという姿勢が見てとれます。

③完成後、発表ではなく、グループ単位で見回ります。（1グループ5分〜10分）
- 例えば、AグループであればBグループを、Bグループであれば、Cグループがまとめた模造紙もしくはホワイトボードを……というように、順番に他グループの内容から学び合います。
- 各自メモを持ち、自分にヒントになる点は、メモに残します。
- リーダーは、赤色と青色のマジックを持ち、称賛できる箇所を赤のマジックでアンダーラインを引きます。違和感や疑問点のある箇所は、青のマジックでアンダーラインを引きます。アンダーライン横には、グループ名を記載します。

④ファシリテーターはストップウォッチなどを持ち、時間が経過したら、コールをし、次のグループへの移動を指示します。
⑤すべてのグループからの学びを終えたら、自分の席に戻り、全体でそれぞれのアンダーラインをシェアします。

Transactional Analysis

- ●筆者の経験上、1つ1つのグループごと、ていねいにふり返ることをおすすめします。
- ●特に青のアンダーラインは、理解を深めます。その際、なぜアンダーラインをしたのか、どのようなことを疑問に思ったのかなど、アンダーラインを引いたグループの説明から入る方が回答するグループも回答しやすいでしょう。

⑥すべてのグループのシェアを終えたら、ファシリテーター自身がそれぞれのグループのまとめたものの中から、具体的に称賛します。

ワークシート　ほめ方&叱り方のコツ

1. あなたがほめる上で大切にしていること、注意している点はどのようなことでしょうか。また、これまでにほめられた経験から学んだほめ方のコツを列挙してください。

2. あなたが叱る上で大切にしていること、注意している点はどのようなことでしょうか。また、これまでに叱られた経験の中から、学んだ叱り方のコツを列挙してください。

Transactional Analysis

ふり返り

①ファシリテーターは、ほめ方、叱り方について、補足する情報を提供します。
●・筆者がこのワークでコメントしている内容を以下にまとめましたので参考にしてください。

まとめ

ストロークによる心的報酬

　筆者は、「ストロークは最少投資で最大効果を得られるもの」と考えています。ですから、研修（ワークショップ）や経営コンサルティング（組織開発）などでは、ストロークをとても大切にしています。金銭的報酬は、利益が出ていないと与えられませんし、受け取った側は翌年になると前年以上の金銭を得ることを前提に考え、際限がありません。また、会社としては、金銭的報酬を支払うことは費用として計上することになり、成果が出ているときだけ報いることが可能なものといえます。

　しかし、心的報酬は、金銭などの物質的報酬とは違って、時間がたてばたつほど心に残り、心の中で育っていく不思議な報酬です。「あのとき、あの言葉で自分は救われた。人生の転機になった」など、私たちはそれをいつまでも忘れず、時とともに感謝の念が膨らんでいきます。

　また、心的報酬には、その報酬をもらった人のみならず、与えた人やその周辺にもよい効果を与える波及効果があります。

　特に、上手なほめ言葉は、"やる気の促進剤"となり、部下や同僚を勇気づけます。ほめられることで、自尊心、自信を高めます。円滑な人間関係にとってストロークは欠かすことのできない基盤となります。

　また、強化（ほめる）された行動は習慣化し、強化（ほめる）されない行動は消去するという実験結果があります（図4-4）。ほめる行為は相手の行動を強化し、成果へと結びつくのです。

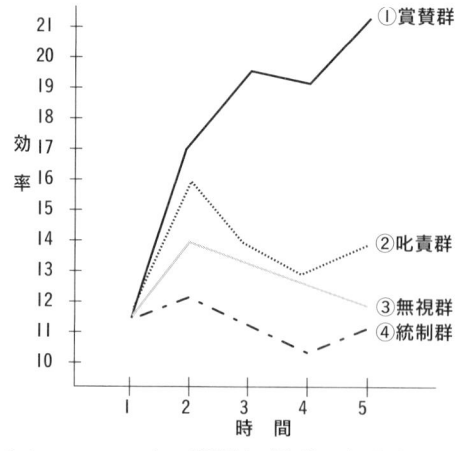

図4-4　ハーロックの学習線　"称賛は行動を強化する"

ほめ方のヒント

● 口先でなく、心からほめる

心がともなわないで、口先だけでほめると、真意が疑われます。お世辞と受けとられてしまいかねません。"本気"でほめることです。相手の成長を願って、気づいた点、感心した点を本気でほめます。見え透いたおだてや迎合は必ず見破られ、逆効果とさえなることもあります。

● 肯定的ストロークは生もの "新鮮なうちに"

感謝や称賛は、行動の直後に報酬が与えられることがきわめて重要だというデータが検証されています。

行動分析学では、これを「60秒ルール」と呼んでいます。感謝や称賛という心の報酬は、いわば"生もの"なので、新鮮さが命といえます。

日ごろからタイミングを逸してしまわないようにしましょう。

● 気軽なOKメッセージ

フェイスブックで"いいね！"へのクリックが流行っていますが、気軽な気持ちでOKメッセージを出すことから職場の雰囲気を変えていくのも1つの方法です。部下が自信をもって朝礼で発言できたら、「いい発言だね！」、「その積極性がいいね！」、「表情もGOODだよ！」、「こちらも元気をもらえるよ！」などなど、ストロークのシャワーは枯渇することがありません。

筆者が主宰するライフデザイン研究所の会議やミーティングでは、レポート形式の議事録はなく、マインドマップで絵やカラーを使いながら、1枚で提出するルールがあります。最終的に筆者がサインをするのですが、筆者のイニシャルは"OK"になります。確認したという意味で、OK

表 4-2　相手の「強み」に気軽にOKメッセージ！

愛想の良い	行動的な	控えめな	冷静な
さっぱりした	こだわりのない	プレッシャーに強い	平等な
一所懸命な	自信のある	負けず嫌いな	責任感が強い
エネルギッシュな	自発的な	面倒見のよい	知的な
落ち着いた	順応性の高い	やさしい	創造的な
寛容な	正直な	勇気のある	友好的な
気のきく	思慮深い	さわやかな	熱心な
くじけない	辛抱強い	繊細な	ほがらかな
元気がよい	素直な	楽天的な	積極的な
謙虚な	大胆な	切り替えの早い	潔い
堅実な	立ち直りの早い	バランスのよい	慎重な
好奇心の強い	頼りがいのある	頑張り屋な	堂々としている
公正な	おおらかな	柔軟な	アサーティブな

Transactional Analysis

とサインをしていたのですが、いつの日か、それがスタッフに、小学校のころの"たいへんよくできました"という花丸と同じ効果を与えていたようです。受け取ったスタッフは、"OKだ"と、自信を深めていたようです。後になって筆者はそのことに気づき、なんてポジティブな解釈なんだろう、と微笑ましく思いました。

● ブレーキではなく、アクセルを全開に！

プラスのストロークはアクセル、注意や叱責などのマイナスのストロークはブレーキに、筆者はたとえています。

ほめる目的は、その行為を後押しし、より伸ばすことで、叱る目的は、その行った行為は間違っているということを知らせ、軌道修正をかけることです。

「ミスがないのが偉い」、「資料が混乱しなくていい」など、せっかくのアクセルをブレーキのように用いている上司を見かけますが、ほめる場合は、「二度の校正が安心できるよ」、「資料をファイリングしてくれてわかりやすい」などと、否定語を用いずに、そのままアクセル全開でほめましょう。そうすることで、部下も自然とそのアクセルの波に乗れます。

● ストロークの基本は、"質"より"量"から

英会話をマスターしようと思ったら、英語をたくさん話すことが何よりも上達の早道だそうです。ややこしい文法などを覚えるよりも、多くの英語にふれることです。

ストロークも同じことがいえます。いきなり"質"を求めて、カッコよくほめようとすると機会を逸します。また、カッコよくほめられる機会を探すばかりで、貴重なOKメッセージのタイミングを逃してしまいます。

夫婦カウンセリングで、ある男性とふたりになった際に筆者が問いかけました。「あなたはこの世を去るとき、奥様に何と伝えたいですか？」と。照れくさそうに、「お前のおかげで本当に幸せな人生が送れたと伝えたい」と語ってくれました。続いて筆者は、「どうして、その言葉を今プレゼントしないのですか？」と。

確かに人生の終わりに、上記のような言葉を発することは素敵なことです。筆者もそうありたいと思っています。しかし、奥様からすれば、人生の最後でそう言われるよりも、もっとささやかなほめ言葉を日ごろからもらいたいのではないでしょうか。そして、その方が夫婦関係がうまくいくと思うのです。

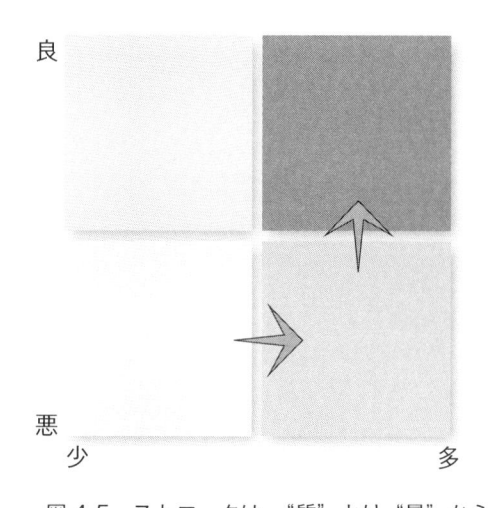

図4-5　ストロークは、"質"より"量"から

図4-6 ルビンの壺

● エンマ帳から"えびす帳"

ローマの英雄カエサルは、「人は見たいと欲するものしか見ようとしない」といいました。

図4-6をご覧ください。ふたりの向かい合った顔が見える人もいれば、盃が見える人もいるでしょう。同じ事実を見ても、私たちは見たいものを見、聞きたいことを聞いているのです。

部下と接する際も、エンマ帳を持ち歩き、事あるごとに"できていない"ところにフォーカスを当てるのではなく、"できているところ""少しでも成長している点"などにレンズを当てる"えびす帳"を持ち歩きませんか。

あなたの手帳を"えびす帳"に切り換えることは、周囲を幸せにするばかりではなく、実はあなた自身の（仕事）人生を豊かで鮮やかなものにするのです。

● 日ごろから観察し、目をかける

本気になるためには、相手の言動や仕事ぶりを常日ごろからよく観察したり、十分に「目をかける」ことが必要です。

「ほめることは発見である」と言った人がいるように、日ごろの真剣な観察を通して、部下の仕事ぶりや上司・同僚の気配りに「感心」し、「感謝」し、「感動」すると、その中から本気のほめ言葉が自然に生まれます。ほめ言葉に接した相手は、「ちゃんと見てくれているんだな」と気分がよくなり、大いにやる気を出すことでしょう。

● 目立たない努力をほめる

日ごろよく観察していれば、相手が人知れずしている努力、目立たない努力などもおのずと見えてきます。そうした努力に対してねぎらいや感謝の言葉をかけると、大きな効果が期待できます。

Transactional Analysis

人にほめられて当然なことをしたときより、他人にはわからないと思っていた地道な努力を認めてもらえたときのほうがはるかに嬉しいものです。

成果主義一辺倒にならず、過程（プロセス）もしっかりとほめることです。ほめられた方は、「こんなところまで見ていてくれているんだ」と感激し、その相手に対して、信頼感を増すことになります。

あるインフラ関連の会社で、部下育成と職場の活性化を目的に全9回のTA研修を開催したときに、筆者から受講者（管理者）へ次のようなメッセージを贈りました。

「日ごろ、私たち生活者は、みなさんの絶え間ないご努力のおかげで、便利な日常生活を送ることができています。それを当たり前のことと思わずに、"有り難い"（そうあることが難しいこと）として、受け取らなければと、自分に言い聞かせています」と、日ごろの感謝の気持ちをお伝えした後、「みなさんは、安全への意識が高く、ミスや事故がないのが当たり前だとお考えのことと思います。営業や販売のように業績（成果）が目に見えないため、ついつい"当たり前"のことについて、ほめるタイミングを逸してしまっていないでしょうか。"事故がなくて当たり前""トラブルが起こらないことが当たり前"、そのように考えると、当たり前のことを取り上げて、ほめようとはしません。そのため、みなさんのような業界の方は、少しほめるのが苦手の方が多いのではないかと思うのです。だからこそ、このことを自覚して、部下の目立たない努力を見つけ、プロセスや取り組み姿勢などをほめようと意識することが大切ではないかと思うのです」とコメントを添えました。

製造業やスタッフ系の職場なども同じような傾向があります。不具合がなくて当たり前、ミスや間違いがなくて当たり前。できて当たり前なことを上司はほめようとせず、結果的にストローク飢餓に陥りやすいのです。だからこそ、日ごろの努力や部下の人柄など（Being）を積極的に見つけ、ほめることで活気のある職場を形成してほしいと切に願うばかりです。

例）「君の報告書には誤字や脱字がないね。当たり前のことかもしれないけれど、この当たり前のことがなかなかできないもの。それがきちんとできている君の仕事に取り組む姿勢には感心するよ」

例）「毎朝、君の挨拶を聞くたびに、励まされるよ。今日も君と一緒にがんばろう！……って気になるさ！」

人前でほめる

人知れずしている努力などに対して、人前でほめられるとより嬉しいものです。そのことによって、ほめられた本人だけでなく、その場に居合わせた他の人にも"こんなふうにちゃんと見ていますよ"というメッセージを発することができます。

ただ、あまり大袈裟にほめすぎると、本人がヤッカミの対象になることも考えられるため注意が必要です。とくに、同じような努力をしている人がほかにもいるのに、特定の人だけをほめてしまった場合などは要注意です。そのような可能性が考えられるときは、さらりとほめておくことです。それでも本人には十分に意図が伝わります。

先に、Doing（行為）よりも Being（存在そのもの）に対してほめなければ、条件つきのストロークになると述べましたが、Doing は実際に行った行為ですので、誰の目にも具体的に理解できます。ですから、人前でほめる場合は、Doing をほめる方が好ましいといえます。

● 具体的にほめる

「君は何をやっても完璧だね！」「君の右に出る奴はいないよ！」と大げさにほめると、お世辞か、何か魂胆があるのかもしれないと、勘ぐられる可能性があります。ほめたい事柄をほめる、ほめる対象を明らかにしてほめることが効果的です。

また、私たちは、ストロークをもらったところで自己実現しようとする傾向があります。良い点を具体的にほめることによって、ほめられた側は、ほめられたところをより伸ばそうと意識しはじめます。

努力の方向性を明確にすることになり、キャリアデザインを形成する上で貴重なヒントにもなり得ます。

● さらなる可能性に気づかせる

筆者のクライアントの経営者で、ほめ上手な社長がいます。その社長は、人と人を比べるようなことはせず、本人の成長にフォーカスを当てています。

「次はどんな伝説をつくるんだ」と興味深く部下に声をかけながら、部下自身の記録更新を後押ししています。その社長は、部下が個人の目標をクリアすると、そっと彼の机の上にギネスビールと「自己ギネス達成おめでとう！」というメッセージカードを添えておきます。社員はそれを大切に財布や定期入れに入れているようです。

人材には、流れを変える上位の２割、流れに従う大勢の６割、現状にとどまる２割がいるというたとえがあり、"２・６・２の法則"といわれています。

筆者の所感では、企業は、上下の２割のどちらかに偏って、時間や関心を置く傾向があります。ある企業では、下位に関心が向き、下位の２割をいかにやる気にさせるかが会話の中心になっています。そうすると上位の２割は結果を出し、会社を支えている存在であるにもかかわらず、関心の対象ではなく、ほおっておいても大丈夫な存在として扱われます。ある企業では、彼らに依存しておきながら、「成績がいいんだから、さらにほめる必要などない。つけあがるだけだ」という噂が聞こえてきます。

筆者は人材育成に効率性を当

上司が知ってくれていることが最大のモチベーション

図4-7　自己ギネスを承認しよう！

Transactional Analysis

てはめてはいけないと自重しながらも、上位の２割の活用は組織を活性化する上で鍵になると考えています。特に組織の変革を迫るとき、上位の２割をいかに巻き込むかが重要になります。もしも、下位の２割に目を向けがちでしたら、上位の２割に「卓越」、「神話」、「伝説」、「成功」、「超越」、「斬新」などの彼らにふさわしいターゲット・ストローク（その人が最も光り輝く質の高いストローク）のシャワーを浴びせてください。

● 意識することから

ほめるためには、ふだんからの観察が必要です。ほめる点を探そうと意識することで、相手への関心が高まります。実は、ほめることを通して、上司としての観察力が身につくのです。スキル（テクニック）の前に、ほめようと意識をすることです。相手のよさを見つける努力をしていると、ほめるのに困ることなどありません。

筆者はときおり、管理職研修の中で、「部下の経歴書の作成」という時間を設けます。部下の中で、自分が最もよく知っている部下を１名選び、彼の経歴書を書きます。部下のフルネームすら書けなかったり、家族構成や生年月日なども書けない受講者が多いことに驚かされます。

この経歴書を作成した後、事前に部下から得ておいた上司の信頼度調査の結果と比較すると、おもしろいことに、相関関係にあるのです。つまり、部下の経歴書の内容の詳しい管理者ほど、部下からの信頼度が高く、詳しくない管理者ほど信頼度も低いという事実です。

「士は己を知る者のために死ぬ」ということわざがありますが、自分のことに関心をもってくれる上司のためであれば、何とか力になりたいと思うのが私たち人間なのでしょう。

●「あげる」喜びのスタンスで！

私たちは、生後しばらくの間、身の回りのことが自分ではできず、両親などの養育者に依存しています。おっぱいをもらう、あやしてもらう、キスしてもらうなど、「もらう」喜びでストロークを満たしています。その後、ハイハイができるようになり、転びながらも歩くことができ、徐々に「できる」喜びを実感します。その後、母親の手伝いをしてほめられたり、父の日に少ない小遣いからプレゼントをしたりして、「あげる」喜びを体験します。

いまの社会を見ると、「もらう」喜び（してもらって当然を含む）に浸っている傾向があるように思います。

社会心理学者のオルポートは、成熟したパーソナリティの要素のひとつとして、「他者の長所を容易に受け容れ、短所にも寛大なこと」、つまり、謙虚に相手の長所を認め、良いところを吸収することを重視しています。

ある企業の新入社員研修に招かれたときの出来事です。入社13日目に研修に招かれました。午前９時から研修がはじまり、昼食になりました。その企業では、新入社員にお弁当を手配し、各自が大きなダンボール箱から自分の弁当をとり、各自の席で食べていました。食事が済むともとの大きなダンボール箱に片付けます。そして、そのダンボール箱は人事課長が３往復して、業者が取りにくる場所へ運んでいました。

午後からの研修が再開し、筆者は次のようにコメントをしました。

「みなさんは社会人になりましたが、会社が自分に何をしてくれるのか、上司が自分に何をしてくれるのか、してもらうことばかりを考えていませんか。期待していませんか。"学生と社会人の違い"で話し合ったように、社会人はしてもらうことよりも、自分に何ができるかが問われるところです。自分は会社に何ができるだろうか、上司に何ができるのだろうか、強いては、社会にどのような貢献ができるかが問われています。ところが、昼食の後、人事課長がみなさんの食べ終えたダンボール箱を運び出しているのにもかかわらず、誰も手伝おうとしない。その様子を見てとても残念に思いました。きっと気づいた方もいたことでしょう。しかし、照れくさくて躊躇してしまったかもしれません。しかし、みなさんはお客様ではなく、当社の一員なんですよ！」と諭しました。

翌日は、みなが競い合ってダンボール箱を片付け、その素直な取り組みに胸が熱くなったことを思い出します。

私たちは、依存的になったり、被害者意識になると、ついついしてもらうことに熱心になりがちです。しかし、お互いが「あげる」喜びのスタンスに立つことで、お互いがその相手から「もらう」ことができ、そこには、Win & Winの関係が成り立ちます。

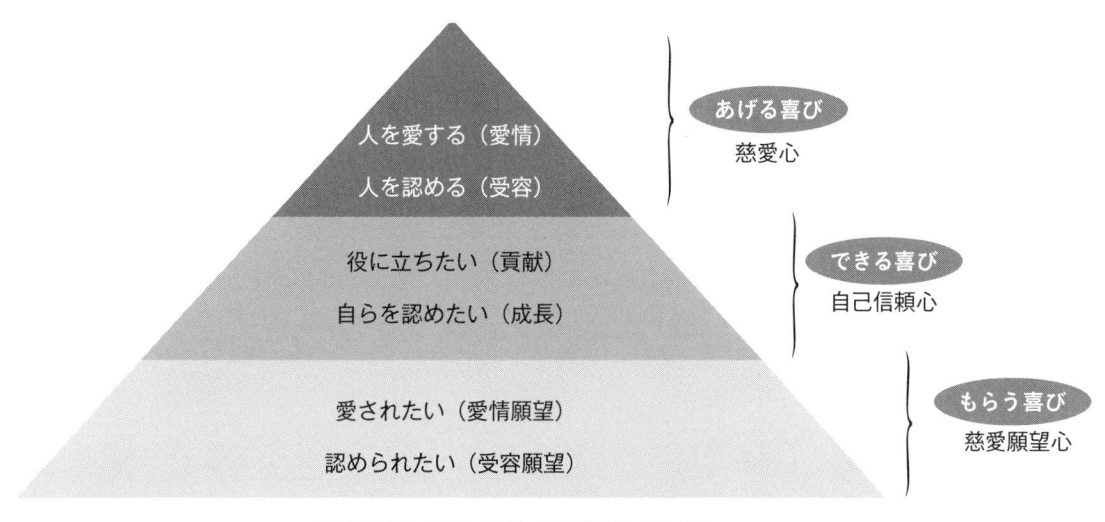

図4-8 「もらう」から「あげる」の喜びへ

叱り方のヒント

筆者は、肯定的ストロークだけが組織の活性化に役立つとは考えていません。だからこそ、表4-1（p91）では、叱る、注意、忠告、反対するなどの否定的ストロークも太枠で表示しています。

最近はパワハラが叫ばれ、叱ることのできる上司が少なくなったように思います。悪く見られたくないという上司も増えている感があります。しかし、叱るという行為も部下の動機づけや目標観を形成することができるのです。

Transactional Analysis

　以下に否定的ストロークのヒントを紹介しましょう。

● 相手の成長を真に願う

　否定的ストロークは、相手の成長を真に願うことが前提です。単に感情任せに叱ったのでは、叱られた部下は自分を軽視された（ディスカウントされた）と受けとめてしまうことでしょう。否定的ストロークとして伝わるためには、相手の成長を真に願って叱ろうとすることが基本となります。

　そのためには、日ごろから肯定的ストロークが量的にも質的にも満たされていることです。私たちは、叱られてばかりでは、謙虚に反省しようとすることなどできません。叱られてばかりの上司から、また叱られると、内心では、「うるせえなぁ、グチグチと」などと、ディスカウントとして受けとめます。"叱る"という行為は、今回行った行為が間違っていることに気づかせ、本来の正しい行為に修正させようとすることを目的とします。

　叱られた部下がその行為（失敗）を糧として、次に活かすためには、日ごろからの信頼関係、肯定的ストロークが鍵を握っています。肯定的ストロークが否定的ストロークの成果を左右するのです。

● 自尊心を尊重する

　「君のような優秀な人が、どうしてこんなミスをしたんだ」、このような叱り文句は、相手の自尊心に訴えます。誰でも自分の存在価値や自分への期待度を示されると、悪い気持ちはしないものです。それが"叱られた"というマイナスの気持ちを相殺し、素直な心で相手の言うことに耳を傾けることができます。

　たいていの人は「これからは"優秀な"自分にふさわしくないミスはしないようにしよう」と思うことでしょう。同じ叱るのであれば、「成長して欲しい」という意図がしっかりと伝わるようにしたいものです。

　「いつもがんばってくれて大変なことはよく知っているが、これはまずい。気をつけてほしい」「君には次のプロジェクトで大事な役割を担ってもらいたいと考えているところだ。自信をもって推薦できるよう、今後十分に注意して欲しい」などの否定的ストロークであれば、真剣に聞かない部下はいないでしょう。部下の自尊心を尊重し、期待感を素直に添えて叱るのは、決して迎合ではありません。

● 本気で叱る

　叱るという行為は、相手のDoing（行動）に対して、"アダルト"でかかわることが求められます。

　しかし、相手の成長を真に願うのであれば、本気で叱ることも必要です。ある企業の研修で聞いたことです。新入社員600名にアンケートを取ったそうです。"入社してから1年間で感激したことは何ですか？"という質問の回答の中に、"自分のことを真剣に叱ってくれたとき"という回答が上位にあったというのです。

部下を叱れない上司が多い中、このアンケートの結果は、否定的ストロークも部下育成には欠かすことのできないものであることを教えてくれています。
　また、筆者は「職場活性化ワークショップ」と題して、ある大手メーカーの研修を担当した際に、態度の修正が見られない受講者を真剣に叱りました。全員の前で名指しをして本気で叱りました。人事部長には事前に、「○○さんを叱りますよ」と告げ、了解を得ていましたが、叱った後も気にかかっていました。
　叱る行為はエネルギーを必要とします。叱った後も気にかかりますし、叱りっぱなしでは済まされません。その後、彼のほんの少しの変化を見過ごさず、フォローも欠かしませんでした。
　その彼の研修終了後のアンケートに、「先生の大ファンになりました！」というメッセージが書かれていて、叱った行為を真剣に受けとめてくれた彼に感謝するとともに、人事部長と感激を共にしたことを、昨日のことのように思い出します。

● "減点法"ではなく"加点法"で叱る
　「こんなミスをするようではもうだめだ」というような叱り方をしたのでは部下は萎縮してしまい、せっかくの成長を願う心情も相手の心には届きません。「ダメだ、ダメだ」ではなく、どうすればＯＫかを、ともに考えながら叱れば、部下も今後に希望をつなぐことができます。
　言葉のニュアンスはとても大切です。「こんな単純な書き間違いをするな！」と否定形で伝えるよりも、「これからは、書き終えたら必ず見直して確認するくせをつけるように！」と肯定形に伝えた方が明るいイメージになるうえ、反省点や留意点、今後やらなければならないことなどがはっきりします。いってみれば"減点法"で叱るより"加点法"で叱ることです。"〜するな"というブレーキばかりを強いられては、やる気が起こりません。
　悪いところを指摘するだけでなく、どうすればそれが克服できるかを、"叱る"中からていねいに探させ、教え諭していきたいものです。

● 日ごろから「叱るのは成長のためだ」と折に触れて伝えておこう
　日ごろから"叱る"ことについて、自分の方針、考え方などをメンバーに知らせておくことも必要です。部下に自分のやり方をわかってもらえるように、予備知識を与えておくのです。
　たとえば、「ときには叱ることがあるだろうが、決して憎くて叱るわけじゃない。成長してほしいからだ。だから、もし叱られたとしてもあまり気にせず、なぜ叱られたのかをよく考えてほしいんだ」と言葉と態度の両方で表明しておけば、部下は"そのとき"に遭遇しても、「ああ、このことか」と安心して、上手に叱られることができます。
　"叱り上手"があるように、"叱られ上手"も大事なスキルです。部下を"叱られ上手"にすることも上司としての大切な役割ではないでしょうか。

● 叱る前に事実関係を確認しよう
　これは"叱る"以前の話ですが、怒りに任せて事実関係も確かめずに雷を落としてしまう上司が

います。
上司：「A君、納品の時間に遅れてダメじゃないか！」
部下：「いえ、あれは先方の都合で変更になったんです」
上司：「A君はよく遅れるから、またかと思ったよ」
などと言わなくてもいいことを言ってしまって、引っ込みがつかなくなることもあります。こんなことで関係が悪くなっては元も子もありません。事実は冷静に確認しましょう。

● なぜ叱られたかわかるように叱ろう

　感情に任せて叱ると、叱られているほうはなぜ上司が怒っているのか、よく理解できません。その結果、「今日はご機嫌が悪いらしいから、黙って嵐が過ぎるのを待とう」くらいに受け流されてしまうこともあります。これでは叱った効果はほとんど期待できません。
　「叱る」効果の第一歩は、相手がなぜ叱られているのか、理解できるようにするところからスタートします。企業全体の利益追求のうえで部下の失策がどれだけの阻害要因になったか、「顧客満足」の軽視が会社の信用をどれだけ傷つける結果となったか、仲間の人にどれだけ迷惑をかけたかなどを理論立てて話すことが大切です。
　部下はそれぞれの持ち場の事情は見えても、上下左右のより広い範囲にわたる事情は見えていないことが多いものです。それを説明してあげられるのは上司しかいません。

● 段階を追って叱ろう

　どのような順序で叱るかを系統立てて考えておきます。なぜ悪かったのかを理解させたら、謝るべき相手先があれば謝るなど、後始末について話し合い、その手立てを考えさせます。そのうえで、今後失策を繰り返さないための方針を出させるところまでフォローします。

暗示・示唆	忠告	注意	叱責	制裁
上司が見ていることをそれとなく知らせ反省を促す	具体例をあげて当該者の反省を促す	個人名をあげて注意し反省を促す	強い口調で叱り反省を促す	始末書の提出など具体的な制裁で猛省を促す

図 4-9 叱り方の段階

また、叱り方も図 4-9 の通り、段階を追って強めていく方法があります。

● 叱っても追いつめない

「こんなことになって、どうするんだ！」、「相手はカンカンだ。私は知らんぞ！」などと、威圧的に責任を追及したり追いつめたりすることは禁物です。これでは、部下は反省する前に萎縮してしまったり、パニックに陥ってしまったりするだけです。叱る目的はまず何が悪かったか理解させて反省させることです。

また、責任追及といっても、部下の肩書きやポジション、失策の程度によっては、責任を取りたくても取れないケースが少なくありません。誰がどのように後始末をするか、上司の判断を仰ぐにも、橋渡しをするのは上司の役目です。

「叱る」ことは、それなりの責任も同時に背負い込むことといえます。叱られながらも、見えないところできちんと責任を果たしてくれているリーダーを、部下はちゃんと見ています。リーダーのその姿こそが、部下にとっての大きな教訓（モデル）となり、成長の原動力になります。

『北風と太陽』から学べること

イソップ物語に『北風と太陽』があります。しばしば、物事に対して厳罰で臨む態度と、寛容的に対応する態度の対比を表す言葉として用いられています。

あるとき、北風と太陽が力比べをしようとします。そこで、旅人の上着を脱がせることができるか、という勝負をします。

北風が力いっぱい吹いて上着を吹き飛ばそうとしますが、寒さを嫌った旅人が上着をしっかり押さえてしまい、北風は旅人の服を脱がせることができませんでした。次に、太陽がさんさんと照りつけると、旅人は暑さに耐え切れず、今度は自分から上着を脱いでしまい、勝負は太陽の勝ちとなりました。

これには、別の話もあります。北風と太陽がした勝負は最初は旅人の帽子をとることだったようです。最初、太陽はさんさんと旅人を照りつけると、旅人はあまりにものすごい日差しで帽子をしっかりかぶり、決して脱ぎませんでした。次に北風が力いっぱい吹くと、見事簡単に帽子は吹き飛びました。その次に行った勝負が旅人の上着を脱がす勝負でした。

この別の話の教訓は、何事にも適切な手段が必要である、ということです。一方でうまくいったからといって、他方でもうまくいくとは限らず、その逆も然り。しっかり結果を見据えて、手段を選ぶべきです。

雨や風があることにより、木々は倒れないようにと根を伸ばします。強風が吹くことで根をしっかりと根ざすことができるのです。

Transactional Analysis

ワーク⑭

ストロークの与え方

ねらい

①バランスよくストロークを与えるためのヒントを増やします。
②管理者（リーダー）として、あなたの日ごろのストロークは、ⓅⒶⒸそれぞれにバランスよく与えられているか、ストロークの傾向に気づきます。
③ターゲット・ストロークを与えるヒントを獲得します。

進め方

①ストロークのバランスについて、次のような説明をします。

> 　ストロークは、ⓅⒶⒸにバランスよく与えることもポイントです。ストロークは相手を動機づけ、目標観を形成させます。そのため、偏ってしまうと、与えられた人のバランスを乱すことになる場合があります。
> 　筆者が最初に就職したのは、ファッション業界です。そこでは、上司は気軽にほめてくれ、特に女性は上司からちやほやされがちでした。
> 　上司は、「その洋服かわいいね」、「今日のバッグは今年のトレンドだね」、「お化粧が素敵だね」などとⒸ（Having）ばかりにストロークを与えるものですから、ある女性は華やかな世界へ転職を繰り返し、あまり良い評判を聞くことはありませんでした。
> 　ＴＡを学習してからわかったことですが、彼女が華やかな世界が好きで転職を決意したのであれば、それはそれで良いと思えるのですが、そうでなかったとすれば、当時の上司のほめ方に責任の一端があるように思います。
> 　そもそも上司がⒸばかりにエネルギーを注ぐのではなく、彼女の仕事の仕方や思いやり、計画的なところなどにもストロークを与えれば、華やかな世界への転職は避けられたのかもしれません。極端な事例かもしれませんが、"ハーロックの学習線"（図4-4）でもご紹介した通り、ストロークはもらったところを強化する傾向があることを理解した上で用いることも大切だといえます。

●●ターゲット・ストロークとは、的を射るような、その人がもっとも光り輝く質の高いストロークをいいます。部下が大切にしている考え方、価値観、人生観などを承認することによって、相手が光り輝

きます。
　上司が部下のターゲット・ストロークを把握するには、部下が最もイキイキしているのは、どのようなときか、観察することです。しかし、部下の高い心のチャンネルを知ることにより、ターゲット・ストロークを見つけられることも多いので、本ワークでそのヒントを得てください。

②ワークシートを配布し、まずは個人で記入します。
③質より量を尊重し、グループでそれぞれの意見を出し合い、模造紙にまとめます。
④完成後、メモを持参しながら、グループ単位で見回ります。
●●当初は発表し合っていたのですが、メモが追いつかず、模造紙を見て回ることの方がよいという受講者からの意見もあり、この方法を採用しています。
⑤すべてのグループから学び終えたら、自分の席に戻ります。

Transactional Analysis

ワークシート　　ストロークの与え方

あなたが日ごろ、与えたり、与えられたりしているストロークを、下記のそれぞれの心のチャンネルに分け、記入してください。

P	
A	
C	

> 第4章　ストローク——モチベーションと職場の活性化

ふり返り

①各グループから学習を終えた後、日ごろの自身のストロークの傾向について、ペアでシェアします。
②自分に足りない、あるいは参考となる具体的なストロークを抽出し、それを誰に、いつ、与えるのかをシェアします。
③ファシリテーターの経験を語ったり、下記を参考に、いくつかのストロークを補足します。

P	「K君流の営業の成果が出たね！　超一流の証だな！」 「君のリーダーシップには感動させられるよ。ぜひ見習いたいな。」 「君の思いやりや心配りは、部内のお手本となるよ。」 「君の指導ぶりは、厳しさの中に愛情が詰まっていて誇らしいリーダーだよ。」 「君のおかげで、新規開店に向けて万全の準備が整ったよ。ご苦労さま。」 「どんなに忙しくとも手を抜くことなく仕事をする誠実さが君の真骨頂だね。」 「何ごとも臆さないのが君のよさ。これからも遠慮せず、どんどん意見をぶつけて欲しい。」 「あなたのその人柄であれば、温厚で信頼されるリーダーになれるはずだよ。」 「黙っていても君がいるだけで存在感があるね。」 「できると思ってはいたが、ここまでやってくれるとはね。」 「人情味のある君の人柄を後輩たちが慕っているよ。」
A	「先週提出してくれた調査レポートは、よくできていたよ。データの根拠もしっかりしていた上に、とても見やすく整理されていたよ。」 「君は本当に記憶力が抜群だね。以前のことを聞くと打てば響くように答えてくれるから、実にありがたい。」 「会議のとき必ずメモを取っているね。その緻密さが君の仕事に活きているね。」 「たいへんなトラブルだったけれど、きわめてスピーディーに処理をしてくれ、君の冷静沈着な関与のおかげだよ。」 「君に頼んだ仕事は、どんなに忙しくても必ず期日までに仕上げてくれる。きっと段取りがうまいんだろうね。周りも見習って欲しいものだよ。」 「今日のプレゼンを見させてもらったが、さすがによく的が絞られていたよ。」
C	「君のノウハウはこれまでにない斬新的なアイデアが満載だね！」 「君にはいつも面倒な仕事を担当してもらっているね。愚痴を言うことなく、しっかりこなしてくれているので助かっているよ。」 「地味な仕事をコツコツとこなしている、君の実直な仕事ぶりを私は高く評価しているよ。」 「君にはユーモアがあって、場の雰囲気をなごませてくれる。まねのできない芸当だね。」 「まず動く、君の機動力には脱帽だよ。」 「構想を聞いたときから独創的で、"これはいける"と直感したよ。」 「う〜ん見事だね。これほど画期的な提案はそうそう出てこないよ。」

119

Transactional Analysis

ワーク15

職場におけるあなたのストローク（1）

ねらい

①職場における自分のストロークのパターンに気づき、より望ましい方向へ変えていくための手がかりをつかみます。
②管理者（リーダー）としての自分のストロークのパターンに気づき、働きがいのある職場の環境づくりを図ります。

進め方

①ワークシートを配布し、与えられたストローク、与えてもらったストロークについて、各自で記入します。
②ペアになって、「相手のストロークにパターンがあるでしょうか？ あるとすれば、どのようなパターンでしょうか？」という問いについて、シェアします。

●●受講者の部下の方々から事前にアンケートをお願いすることがあります。ストロークというキーワードは用いず、ほめることに限定した数名からのアンケートです（無記名のこともあります）。
　例えば、ここ10日間ほどで、あなたの上司は具体的にどのようにほめてくれましたか？
　　　　　日ごろ、上司のほめるという行為について、どれくらい満足していますか？
　　　　　あなたのやる気を高めるために上司に期待することは何でしょうか？
　　　　　あなたの職場を活気あるものとするため上司にさらに何を望みますか？……などなど。
それらの回答をこの時点で受講者に配布し、部下たちからの回答も参考にしながら、自らのストロークの傾向に気づきます。
　アンケートのねらいは、受講者が自身のストローク・パターンに気づくことにありますが、部下が上司にストロークをたくさん書いてくれることがもう1つのねらいです。組織の性質上、上司が部下に、という一方向の流れになりがちで、「部下が上司をほめる」という言葉は耳にすることがありません。しかし、アンケートの形にすると部下も上司に感謝の気持ちやほめ言葉を伝えやすくなります。そして、受講者も部下からのアンケートに感激する場面もあります。筆者はそのタイミングを見計らって、「皆さんご自身は、日ごろ、部下にストロークを与えていらっしゃいますか？ 具体的にどのようなストロークをプレゼントしているでしょうか？」と問いかけ、ペアやグループでシェアしてもらいます。

ワークシート　職場におけるあなたのストローク（1）

この1週間をふり返って、あなたは職場で、誰から、どのようなストロークをもらいましたか？

相手の名前	肯定的ストローク	否定的ストローク

上記はどのようなパターンをもっていますか？
また、上記をもらうのに、あなたはどのようにその場面をつくりましたか？

この1週間をふり返って、あなたは職場で、誰から、どのようなストロークをプレゼントしましたか？

相手の名前	肯定的ストローク	否定的ストローク

上記はどのようなパターンをもっていますか？
あなたは、周囲の人に健全なストローク環境をつくっているでしょうか？　また、そうするにはどうしたらよいでしょうか？

Transactional Analysis

ふり返り

①以下のようなふり返りシートを作成し、ワークの後で記入してもらい、ペアでシェアする機会を幾度となく取るようにしましょう。

● ワークにおいて、気づくことだけで留まっていては、研修の成果が実践に結びつきません。実際にどのように職場で適応させていくか、浸透させていくかが問われているわけですから、"気づき"を気づきで終わらせず、"築き"に結びつけなければなりません。

"気づき"から"築き"へ

職場（チーム）のメンバーがより高いモチベーション（やる気）をもって、成果をあげていくために、自分自身および、メンバーに対して、どのような意識をもち、また行動することが必要でしょうか？

自分自身の意識や行動
例）職場に戻ったら、アンケートのお礼と、一人ひとりの目を見ながら自己宣言する！

メンバーに対しての意識や行動
例）明るい挨拶のあと、"楽しく始め、楽しく終わる"朝礼づくりの意見を求め、ストロークをたくさん盛り込む。

ワーク⑯ 職場におけるあなたのストローク（2）

ねらい

①職場における自分のストロークのパターンに気づき、より望ましい方向へ変えていくための手がかりをつかみます。
②管理者（リーダー）としての自分のストロークのパターンに気づき、働きがいのある職場の環境づくりを図ります。

進め方

①ワークシートを配布し、以下のように、質問を順に伝え、1項目ずつ記入を促します。
- ●①の欄　「あなたと仕事をしている人（上司や部下のいる方は、その人たち）を5人挙げてください」
- ●②の欄　「最近、それぞれの人に肯定的ストロークを与えたのはいつ（日時）でしたか」
- ●③の欄　「どのようなストロークを与えましたか（行動、態度、外見など）」
- ●④の欄　「最近、それぞれの人に否定的ストロークを与えたのはいつ（日時）でしたか」
- ●⑤の欄　「どのようなストロークを与えましたか」
- ●⑥の欄　「あなたが、それぞれの人にふだん与えるストロークは、肯定的ストローク何％ですか／否定的ストローク何％ですか（ディスカウントを想定すると、加算しても100％になりません）」
- ●⑦の欄　「それぞれの人の自我状態のうち、ストロークしがちな自我状態がありますか。もしあればどの自我状態ですか」
- ●⑧の欄　「あなたに話すとき、それぞれの人は、どのような傾向の行動をとりますか」
- ●⑨の欄　「それぞれの人のあなたへの行動は、あなたが彼らに与えるストロークの種類（肯定的／否定的）と一致しますか」
- ●⑩の欄　「今後、それぞれの人との関係を変える必要があるとしたら、どのような計画を立てますか」

ふり返り

①すべての記入を終えたら、ペアになり、気づいた点をシェアします。
②問⑩について、お互いに具体的に書かれているかを厳しい目で評価をしながら、具体的な行動レベルに落とし込みます。

Transactional Analysis

ワークシート　職場におけるあなたのストローク（2）

①対象者					
②肯定的ストローク					
③何について					
④否定的ストローク					
⑤何について					
⑥肯定的％	％	％	％	％	％
否定的％	％	％	％	％	％
⑦自我状態					
⑧行動記述					
⑨一致					
⑩変化					

ワーク⑰ ほめ方演習

ねらい

①肯定的ストロークを与えたり、受け取ったりする経験をし、自分がどの程度、相手に肯定的ストロークを与えることができるか、相手からどのくらい肯定的ストロークを受け取ることができるかに気づきます。
②3つのほめ方（You メッセージ、I メッセージ、We メッセージ）のレパートリーを増やします。
③管理者（リーダー）としての自分のほめ方の傾向に気づき、改善点を確認します。
④I メッセージや We メッセージの効果を体感し、職場で実践しようとする動機づけを行います。

進め方

《ウォーミングアップ》

> You メッセージと I メッセージの違いを説明します（以下を参考にしてください）。
> You メッセージは、「あなたは○○ですね」というように、主語が"あなた"になります。I メッセージは、「私はあなたの○○を◇◇と感じています」というように主語が"私"になります。
> たとえば、あなたの職場に明るい部下がいるとしましょう。その部下をほめるとき、You メッセージでは、「君って明るいね」となります。I メッセージは、そんな明るい部下と一緒にいると、上司である自分はどのような影響を受けているかを言葉に乗せて相手に伝えます。たとえば、「君が明るいので、こちらまで明るくなるよ」「君の明るさは、毎朝のエネルギーになるよ」となります。
> さらに、「君が明るいおかげで、チーム全体が活性化するよ」と、私たちという主語になれば、We メッセージということになります。
> 筆者の場合、You メッセージと I メッセージの説明の前に、ひとりのボランティアを募集し、その人にみんなからストロークを与える演習から入ります。ボランティアにふさわしい人を、休憩時間などに声をかけておくこともありますが、通常は「ぜひ、今日はストロークを体感したいという人、1名募集します！」と声をかけ、たいていは立候補者が得られます。
> ボランティアには、前に出てきてもらい、全員が見える位置に立ってもらいます。そして、

Transactional Analysis

> 参加者一人ひとりからストロークをもらうのですが、ファシリテーターはホワイトボードにその言葉を書き写したいので、ひとりずつ指名してからストロークを与えて欲しいと伝えます。
>
> メラビアンの法則（p78）を説明し、ストローク与える際には、言葉だけではなく、言い方や表情態度をセットにして、相手に届けて欲しいと補足します。
>
> ボランティアには、大袈裟に反応するのではなく、あなたらしくストローク1つ1つに反応してください。もしも、本当に嬉しくて仕方なければ、そのような反応を自由に表現してくださいと伝えます。
>
> また、他の受講者は、ボランティアの表情や態度をよく観察し、どのようなストロークが彼に好ましい影響を与えるのかをしっかりと見ておくことが役割であると説明します。
>
> そして、10個以上のストロークが集まった時点で、上記のYouメッセージとIメッセージの違いを説明します。
>
> 説明を終えた後、ホワイトボードの1つ1つがYouメッセージなのか、I（We）メッセージなのかを全員で確認します。
>
> その後、もう一度、先のボランティアに前に立っていただき、「今度はIメッセージかWeメッセージしか、してはいけません」と条件をつけ、2度目の演習を実施します。
>
> 観察するポイントなどは同じですが、ボランティアの反応が先ほどとどう違うか、よく観察することを強調します。
>
> 10個強のI（We）メッセージ演習を終えたら、ボランティアに先ほどのストロークと今回のストロークの違いを本音でみなに語っていただきます。
>
> これらのウォーミングアップを終えた後、本ワークに入ります。

① 部屋全体を使い、椅子のみを持ち寄って、グループごとにゆるやかな扇形をつくり座ります。1名は扇形の前に座ります。

② 前に座った1名から演習を始めます。みなの前に座っている仲間に対し、扇形の向かって左端からストロークを与えます。

- 私たちは、それぞれに"心理的距離（パーソナル・スペース）"をもっています。ストロークを遠くから与えられても、距離があるため心に届きにくいものです。密接距離は、0～45cmで親密な関係で、皮膚接触によるコミュニケーションを図ります。個体距離は、45～120cmで、個人的に親しい人と路上での立ち話ができる程度で、相手をタッチできる程度の距離です。筆者は120cmほどの距離を経験則からすすめています。

③ 最初は、Youメッセージのみを与えます。もしIメッセージやWeメッセージを与えた仲間がいたら指摘し、修正をしてください。

- 「メラビアンの法則」を周知します。
- ストロークを与えられる人は、照れくさいでしょうが、身構えず、素直に受け取ります。「もし、お礼が言いたくなったり、思わず感激すれば、そのようにしてください」と補足します。

④ストロークを与えるメンバーは、自分が与えるストロークばかりを考えるのではなく、どのようなストロークが相手に届きやすいのかを観察するように促します。

● 1名に対し、90秒ほど時間をとり、4〜6名ぐらいのグループのときは同じ人へ3回前後、ストロークを与えます。自分が与えようとしていたストロークをメンバーに先に言われてしまっても、同じストロークを与えてかまいません。人が変われば、響き方も違いますから。しかし、同じ人が同じ人に同じストロークを与えることは禁止です。

● パスはなしです。もしもストロークを与えることに困ってしまったら、「自分はストロークを与えるのが苦手なんだなぁ」と、そんな自分に気づいてください。

⑤ Youメッセージを終えたら、次はIメッセージもしくは、Weメッセージのみを与えます。
⑥ ひとりが終了したら、椅子はそのままに、人が時計周りに1つずつずれ、①から⑤を繰り返し、全員の演習を終えます。

ふり返り

① すべての人が演習を終えたら、小さな円をつくるように指示します。
② 次のような質問を1つ1つ投げかけ、グループで話し合った後、全体でていねいにシェアします。
a：「いま、あなたはどのような自分に気づいていますか？ そして、この場はどのように変化したでしょうか？」
〈コメント例〉
・笑顔が溢れ、喜びいっぱいの表情になっています。
・部屋全体のエネルギーがとても高まっていることを感じています。
・職場もこのような雰囲気であれば……と思います。
・とても感動しています。このメンバーで研修に参加できたことに感謝します。
b：「ストロークをもらって、どのような感じがしましたか？」
〈コメント例〉
・自分をよく見ていてくれたなぁと感謝の気持ちでいっぱいになります。
・ストロークって、こんなにも心地よいものなんだって、はじめて身に染みました。
・まだまだもっと研修を受け続けたいって気持ちになります。
c：「ストロークをもらって、どのような考えが浮かびましたか？」
〈コメント例〉
・心に響くストロークをいただいたのに、返せていない自分にがっかりしていますが、これを機会にもらうばかりでなく、プレゼントできる自分になりたいと思います。
・"頼もしいリーダーです。あなたのリーダーシップを手本としたい"というストロークをいただいてとても嬉しいのですが、まだまだそのような自分だと言い切れません。自分自身がストロークのような自分であると認められるような存在になりたいと考えています。

Transactional Analysis

●●ストロークは目標観を形成させます。上記の発言は、それを物語ってくれます。

d：「YouメッセージとⅠ（We）メッセージの違いを感じられたとしたら、どのような違いがありましたか？」

〈コメント例〉

- Youメッセージも嬉しいけれど、なんとなく物のように扱われている感じもしました。"あなたって○○ネ"……と。ところが、Ⅰ（We）メッセージは、人としてちゃんと接してくれている、見ていてくれているという深い愛情が伝わりました。
- Ⅰ（We）メッセージは、自分が役に立っているんだという安心感というか自覚ができる。

●●私たち人間は、役に立ちたいと願う存在ではないかと筆者は思っています。Ⅰ（We）メッセージは、自分は存在していてもいいんだ、存在する価値があるんだ、ということを自覚させてくれるのです。

e：「この演習を終え、あなたは明日から、どのようなかかわりをしますか？」

〈コメント例〉

- 今回のメンバーと縁を深め、お互いにストロークの質を高められるようにサポートし合いたい。
- 最近、元気のない部下がいるので、少しずつⅠ（We）メッセージでやる気を引き出したい。
- 日ごろ、もらうばかりの上司にも妻にも、ストロークを惜しまず実践したい。
- ストローク・プロジェクトなどを立ち上げ、社内にストロークの文化を定着させたい。

③次ページのシートを配布し、部下ひとりを思い浮かべてもらいます。

④その部下にYouメッセージを書き上げます。その後、Ⅰ（We）メッセージを書き上げ、ペアでⅠ（We）メッセージになっているかを確認し、グループでシェアします。その際、心地よいⅠ（We）メッセージがあれば、手本として真似させてもらいましょう。

⑤ファシリテーターから、「これは向こう1週間以内に実践していただくための宿題です」と伝えます。

You メッセージから I メッセージへ

_____さんへのメッセージ

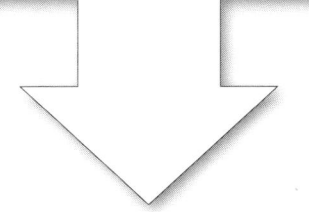

_____より

You メッセージ

1.
2.
3.

↓

I メッセージ

1.
2.
3.

Transactional Analysis

ワーク 18
サイン収集ゲーム

ねらい

①研修開始時(オリエンテーション)に実施することで、参加者の緊張をほぐします。
②参加者同士がふれあうことで、心理的な距離を縮めます。
③自己開示を促すきっかけづくりが自然と整い、その後の自己開示を促進します。
- ストロークという言葉を用いず、ストローク演習のねらいとすることを得ようとするものです。
- 研修のテーマや参加対象によっては、ストローク演習の導入時に実施することがあります。

進め方

①研修前の受付の際にワークシートを手渡します。オリエンテーションで使用するので、早めに記入してもらうように依頼します。
②オリエンテーション開始時に研修のねらいやプログラムの内容を説明し、本ワークに入ります。全員がすべての項目を記入できているかを確認します。
- 演習時は、音楽があると好ましく、少しリズミカルな音楽が受講者の行動を後押ししてくれます。

③シートとペンを持ち、部屋全体を歩き回ります。出会った相手(ペア)とシートを見せ合い、1箇所について質問し合います。質問をした箇所にサインを記入し、別の人と出会います。
④受講者の人数によりますが、20分ほど実施します。
- 10分を過ぎたころから場の雰囲気が明るく変わり始めるでしょう。

⑤演習終了後、席に戻り、グループ内で自己紹介します。その際、シートを使いながら行ってもよいでしょう。
- ファシリテーターは、ストロークの解説や演習の際に、本ワークでの出来事をメモしておき、関連性をもたせるとよいでしょう。そのため、本ワークでは、ふり返りの時間を設けていません。
- CSやホスピタリティなどのテーマでは、ES(従業員満足)が鍵を握るため、研修導入時にストロークの解説と演習を組み入れています。
- 色つき、柄付きのシールを用意しておきストロークの交換の印として、本ワークの後は、ストロークを与える際に、シールも同時に渡し、もらった本人は自分の名札にシールを貼ります。そして、ファシリテーターは、午後の研修開始時や2日目の研修開始時にシールを与えた数、もらった数を公表してもらい、ストロークを研修の間に定着させる試みをしています。

ワークシート　サイン収集ゲーム

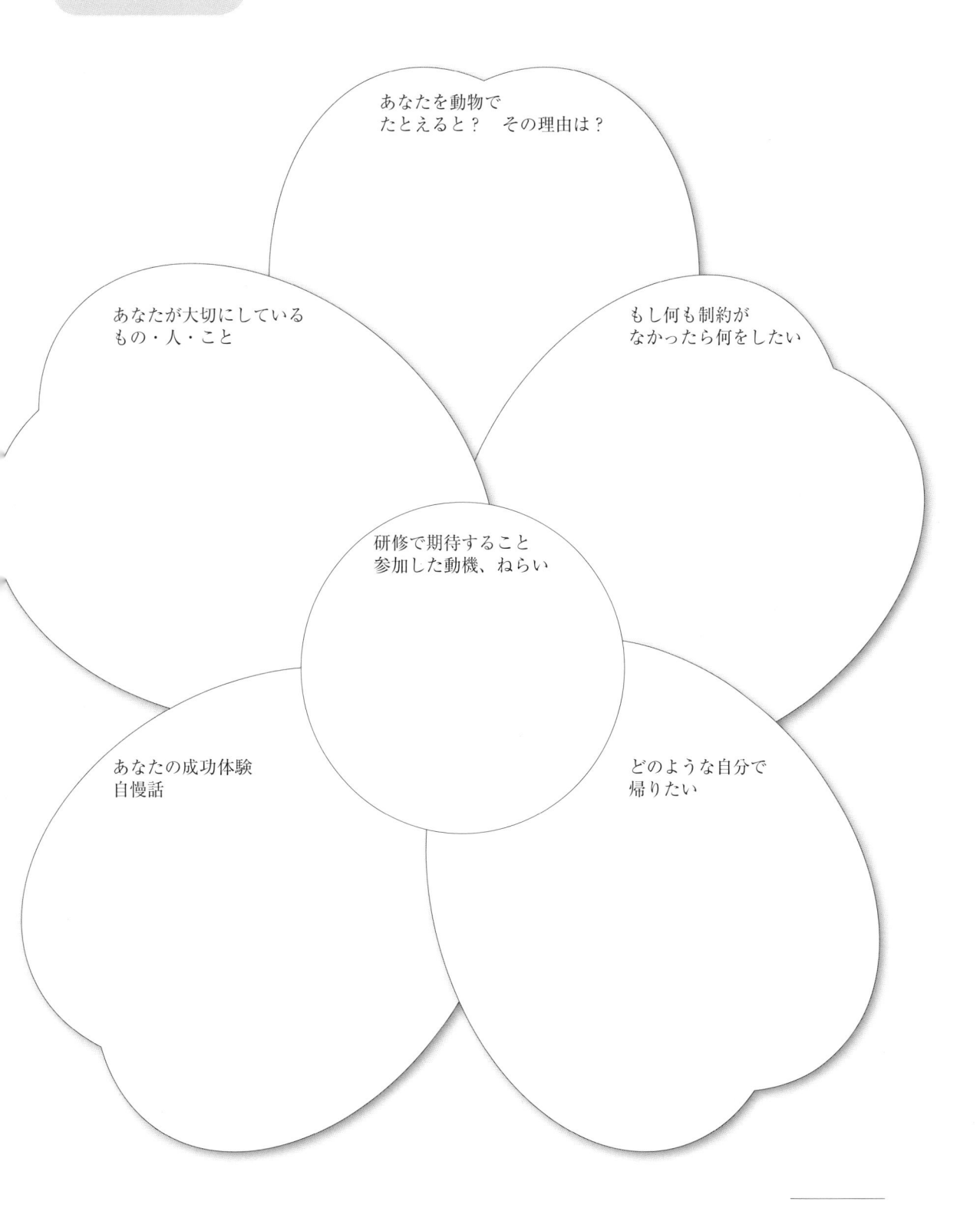

あなたを動物で
たとえると？　その理由は？

あなたが大切にしている
もの・人・こと

もし何も制約が
なかったら何をしたい

研修で期待すること
参加した動機、ねらい

あなたの成功体験
自慢話

どのような自分で
帰りたい

Transactional Analysis

ワーク 19
ストローク・シャワー

ねらい

①マンダラートを用いて、ストロークを気軽にシャワーのように注ぐことができるようにアクションプラン化します。

②職場用と家庭用の両方を作ることで、職場と家庭を切り離して考えるのではなく、相互が良い作用を及ぼすよう促します。

- 筆者はたとえ企業内研修であっても、家庭と切り離して考えないように努めています。それは、当然のことながら、私たちにとって、職場と家庭は切り離すことなどできず、相互に作用し合っているからです。

- 家庭が円満になれば、必ずや仕事に良い影響を及ぼしてくれるでしょうし、また、その逆も真理だと思います。これまでのワークでは職場に限定してきましたが、本ワークでは、家庭も含めた内容になっています。

③ストロークは小さなことから実践することの大切さを理解し、即実践を奨励します。

- 研修で学んだことを実践していくために、はじめの障害物の高さを低めにし、小さな負担で行動を開始することができるようにします。初動のエネルギーを小さくすることで、回転が始まれば、継続させることは比較的、容易に行うことができます。

- やる前から完璧を目指さず、小さな成功体験を大切にすること、そして、小さな一歩を踏み出すことは、いまの企業環境にも適しています。スピードの時代、刻々と変化するビジネスの世界では、何が正解で何が誤っているのかがわかりづらくなっています。そのような環境では、"まず動く"ことで情報（方向性）を得ることができます。

- ストロークを実践しながら、みなさんに"まず動く"そして、"小さなストローク体験（スモールウィン）"を継続的に獲得する習慣を築いてほしいのです。

進め方

①マンダラートの説明をします。

- マンダラートとは、仏教の金剛曼荼羅をベースにしたメモ学であり、発想法の1つです。
  マンダラの真ん中のマスを8個のマスで取り囲んだ、合計9個の四角のマスがあります。テーマや一番関心のあることを真ん中に記入して、強制的にそのことに関して浮かんでくる連想を周りのマスに記入していきます。ポイントは、残りの8個のマスには、苦しいと思っても、頭からひねり出して埋

めていくことにあります。

●●突然ですが、あなたは図4-10を見て、右側と左側のどちらが気になりますか？　私たちの脳は、欠けているところを埋めようとする習慣があるそうです。

　マンダラートを用いるのは、空いてしまった空間を埋めようとする脳の活性を利用して、ストロークの実践アイデアを増やそうとする試みです。筆者がマンダラートをすすめる理由は、まず動き、小さな成功体験を繰り返し経験してもらいたいからです。そして、受講者一人ひとりにストロークを身につけてほしいと願っているからです。

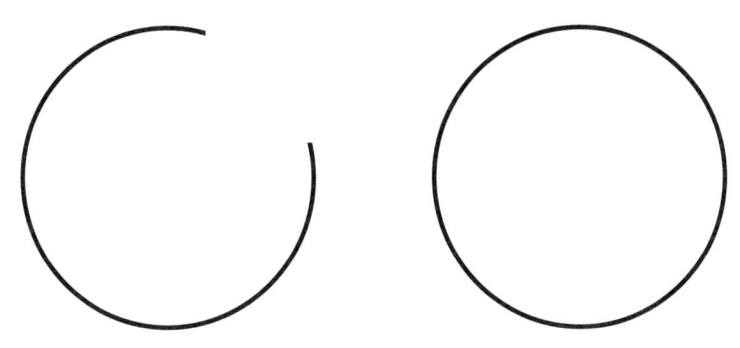

図4-10　脳が空間を埋め始める

②ワークシートを配布します。

●●ワークシートの上図が職場（仕事）、下図がプライベート（家庭）です。家庭が日常を支えることになるので、下に配置しています。

③それぞれのマスの中央に、職場とプライベートの理想的な姿を描きます。

●●完璧なものではなく、キャッチコピーのようなもので現時点では良いでしょう。徐々に書き直せばよいのです。

④残り8個のマスに、ストロークの実践アイデアを強制的に埋めます。

●●はじめから、バーを高くしないことが大切なポイントです。できれば、幼稚園児に話しても理解されるくらい、具体的で小さな取り組みが好ましいといえます。

●●家庭と仕事に同じキーワードが入ることは大歓迎です。

●●埋めにくければ、良い意味でもらい合うことを本ワークでは特にすすめています。せっかく研修の場で、グループで過ごしているのですから、もらい合わない手はないと思います。受講者がお互いに助け合う、支え合う、"Give & Given" の精神であれば、外から見ると、Give & Take の関係性なのです。お互いが「どう参考になる」と差し出せば、Give & Take が成立します。

Transactional Analysis

ワークシート　ストローク・シャワー

〈職場〉

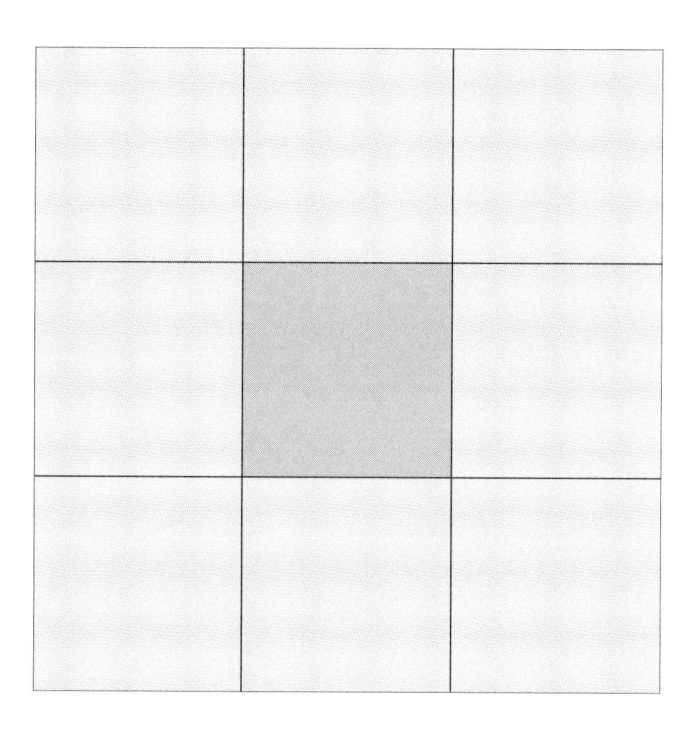

〈プライベート〉

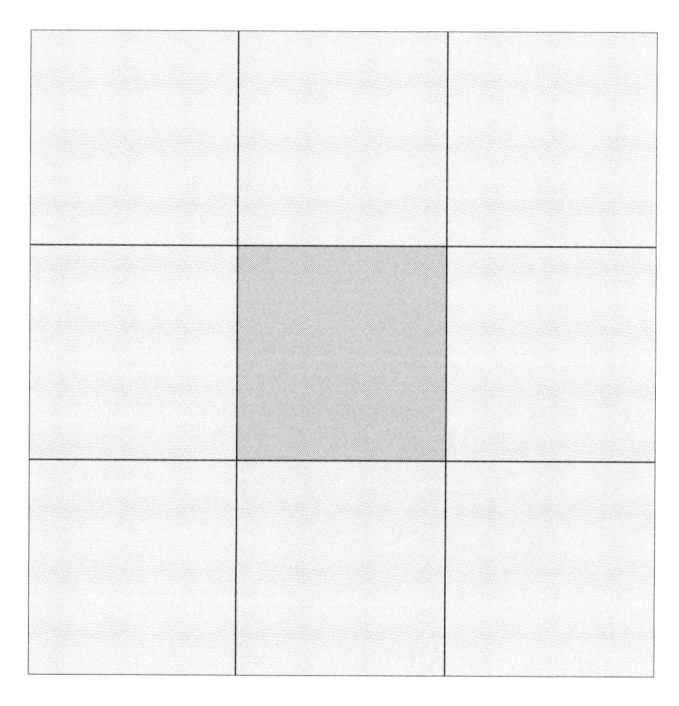

ふり返り

①ペアやグループでシェアします。
②全体で気づいたこと、学んだことをなどをシェアします。

まとめ

感謝の言葉から始めよう

　下図は、筆者が記入したものの一部です。

ストロークの
プレゼント（職場）

成果よりも プロセスに	否定的 ストロークも 積極的に！	頑張り 過ぎず 頑張ろう！
出会った方の 名前を覚えて 声がけを	毎朝出勤するの が楽しくて仕方 のない職場	

ストロークの
プレゼント（家庭）

	「がんばって」 から 「がんばってるね」	朝は 笑顔で にっこりと
おいしい ときには 「おいしい」と	明るく 健康的な 笑顔の絶えない 家庭	「すみません」 から 「ありがとう」

> 笑顔は健康と仲間を引き寄せる！

> お詫びではなく感謝の気持ちを伝えよう！

Transactional Analysis

　弊所では、「朝起きて会社に行きたくて仕方がない状態をつくる」というビジョンが、スタッフと共有している"ありたい姿"です。遠足気分を表現しているわけではありませんが、こうありたいという想いを抱きながら、日々、努力を積み重ねています。

　「すみません」から「ありがとう」は、30年ほど前から意識していることです。「すみません」はお詫びで、感謝ではないにもかかわらず、私たちは、なにかと「すみません」を多用しています。高校時代にふとしたことで疑問をもち、それ以来、お礼を言うべきころは、「すみません」ではなく、「ありがとうございます」と家族にもすすめています。筆者は良い行為をして、「すみません」と言われ、とても複雑な想いがしました。エレベーターで"開く"のボタンを押したとき、落し物を拾って手渡したとき、お詫びを言われるのに違和感があるのです。だからこそ、お礼はお礼で「ありがとう！」。

　筆者は、重度障害の父と暮らしていますが、父の素敵な習慣は、「ありがとう」、「おいしいなぁ」と言うことです。大好きな父であっても、介護をする上で、腹が立つことはしばしばです。しかし、父は少しの行為に「ありがとう」、何を食べても「おいしいなぁ」と言い、そんな父をとてもかわいらしく、愛おしく思うのです。

　筆者は父を見習い、積極的に「ありがとう」の感謝のストロークを与えています。弊所では、ときおり手軽なピザパーティーをしています。ピザを宅配で注文するのですが、ピザ屋のアルバイトの学生が礼儀正しく、笑顔も素敵な好青年なのです。一瞬、茶髪でやんちゃに見えるのですが、筆者がほめると照れくさそうに喜んでくれます。Webのアンケートにも彼をほめます。スタッフから、「どうしてそこまでしてあげるのですか？」と問われ、「見た目は好印象でないかもしれないけれど、誠実な対応ができているよね。今の若者は……と、世間では評判が悪いけれど、彼らと接していると、その誠実さに思わず将来を期待したくなるんだよ。大人たちが彼らを軽視するのではなく、やんちゃな彼らだからこそ、ストロークを与えてあげれば、きっと彼のありあまるエネルギーはより良いことへ点火すると思うよ。宅配というアルバイトをしていると、お客様から"遅いじゃないか"などと、叱られることの方が多いかもしれない。だからこそ、せめてうちに配達をしてくれて、対応が良いのであれば、しっかりとこちらも感謝の気持ちを伝えないとな」と。今では、弊所がピザを注文すると、アルバイトの学生たちは今日、誰がほめてもらうか競争をしているそうです。

　「ありがとう」は、ほめなれていない上司（リーダー）におすすめです。感謝の言葉は、さりげなく言えるので、照れや身構えることがありません。部下の良い面を観察する必要もなく、タイミングをはずさずに与えることができます。ですから、ほめるのが苦手と自覚している方は、感謝の言葉からスタートすることです。

　読者の方へ提案をさせください。

　筆者は、病院で研修をする機会も多くあります。多くの看護師さんがストレスを溜め込み、メンタルヘルスの研修やＥＡＰコンサルティングの依頼が多くなっています。

　筆者は父の通院に付き添うこともあり、病院には比較的多く出かけるのですが、看護師さんから名前を呼ばれて返事をする人はほとんどいません。ましてや診察後、お礼を言うシーンなど皆無と

いえる状況です。しかし、医師の前では何度もペコペコと頭を下げているのです。これでは看護師さんもやりきれず、虚しくなると思うのです。笑顔で親切な看護師さんに返事やお礼のひと言も言えないのはとても残念です。ぜひ、読者のみなさんから、このような状況にこそ、積極的にストロークをプレゼントしていただけないでしょうか。

また、うつ病の方に用いてはいけないといわれる「がんばって」という言葉。筆者はこの言葉が好きではありません。エネルギーが満ち溢れているときであれば、力強く頼もしい言葉ですが、へとへとで疲れているときには滅入ってしまいます。

出張に出かける際に、「がんばって」と言われると、「これだけがんばってるのに、まだがんばりが足らないのか」と、その言葉の主である妻に、言い方の修正を頼みました。

「がんばってるね」というのは、既にいまの自分を認め受け入れてもらっているので、とても心地よい響きとなって染み入ってきます。妻には、「がんばってね、ではなく、がんばっているね」と、いまのがんばりを十分に認め合おう、と約束を交わし、以来、わが家では「がんばってるね」という言葉が飛び交っています。

また、弊所では、「がんばり過ぎずにがんばろう」と表現しています。何事も過ぎると良くはないので、バランスや柔軟性の方を大切にしようという筆者からスタッフへのメッセージです。

あいさつ──当たり前のことを口にする

本書では、ストロークの中のほめるという行為に的を絞っていますが、実は、肯定的ストロークを与え合うということは、当たり前のことを口にすることから始まります。それはあいさつです。挨（心を開く）拶（相手に迫る）……心を開いてこちらから相手に好意を伝えることです。

弊所の女性スタッフが、毎週水曜日にある金融機関のキャリア・カウンセリングに出向いています。とても明るく、あいさつを欠かさない彼女は、その金融機関の警備の方と親しくなり、警備の方が毎週楽しみに待っていてくれるようです。彼女は、警備の方は金融機関とは関係ない人などと区別せず、日ごろ、金融機関の従業員の方からあいさつを返されていないからこそ、せめて、その

あ	明るく	あ	明るく
い	いつも	い	イキイキ
さ	先に	さ	さわやかに
つ	続けて	つ	努めて

Transactional Analysis

ような役割の方にストロークを差し上げようとしています。

先日、その女性スタッフが金融機関から借りている通行証をオフィスに忘れてしまったらしいのです。通行証がないと、入店にとまどるようなのですが、警備員の方が「○○さんでしたね。お待ちしていました。カード（通行証）はなくとも大丈夫ですから、お入りください」と親切に入店させてくださったそうです。通常は認められないようですが、警備員の方が「私があとで○○さんの番号をお調べし、記帳しておきますから安心してください」と、小声でサポートをかってくださったようです。

大企業の受付などで、受付のスタッフが「おつかれさまです」、「いってらっしゃい」などと従業員に声をかけていても、その言葉に返答する従業員が少ないことに驚かされます。受付は派遣社員の女性なのでしょうが、そのような区別をする会社の風土を見直すべきではないでしょうか。派遣社員やパートの方々は、従業員よりも低い賃金で、同じくらいのパフォーマンスを挙げているのですから、感謝こそすれ、無視や軽視をすべきではないはずです。

自分との約束

私たちは、他の人との約束は誠実に果たそうとします。お客様との納期の約束、上司との目標達成のコミットなど。しかし、実は約束にはもうひとり肝心な存在がいるのです。それは自分自身です。

私たちは他の人との約束を破ったとしても、ある意味、言い訳をすることでごまかすことも可能です。しかし、自分自身との約束は、ごまかしきれません。他の人との約束は、言い訳や正当化でき、欺くことができますが、自分自身を欺くことはできないのです。

自分を欺いてばかりでは、自尊心が蝕まれてしまいます。だからこそ、無理のない小さなストロークでご自身との約束を履行してください。

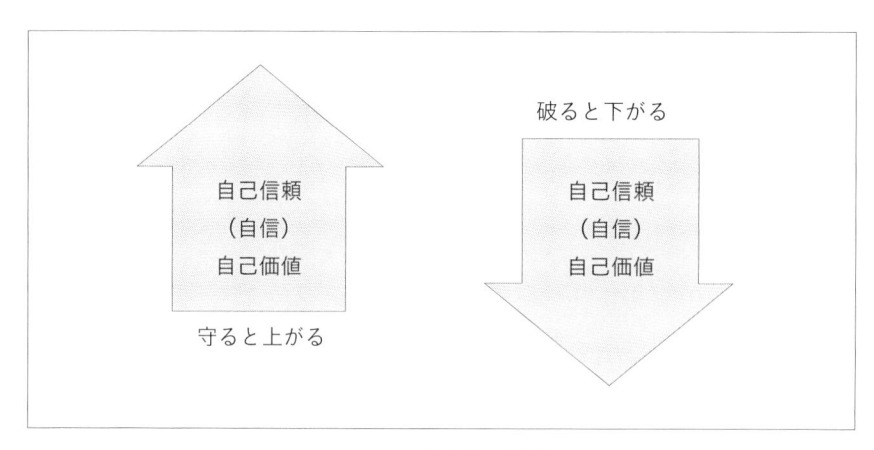

図 4-11　自分との約束

3 ▶ 真実な関係——我と汝の関係

　あなたは、対人関係をうまくやっていくことは、なんとかして他人を怒らせず、また嫌われないようにすることだと考えていないでしょうか。実際に気に入られようとしても、なかなかこちらの思うようにはいかないのが私たちの悩みのタネです。

　ここでは人間関係をまったく別の角度で見直してみましょう。人間関係について鋭く洞察した哲学者マルチン・ブーバーは、基本的に人間関係は次の2つに分けられると指摘しています。

　　　　わたし（我）　──　あなた（汝）　　＝二人称の関係
　　　　わたし（我）　──　それ（彼、彼女）＝三人称の関係

　「わたし―あなた」という二人称の関係は、相手を自分と同じ生身の人間としてやりとりする間柄のことです。そこには共感や親密感があり、ときには反発し合うことがあっても、イキイキした充実感があります。それに対して、「わたし―それ」という三人称の関係は、相手が目の前にいるにもかかわらず、あたかもパソコンや携帯電話のようなものとして扱い、自分にとって利用する対象とみており、そこには心の交流はありません。

　「私たちが他人に接するときは、この2つの関係のいずれかである」とブーバーはいっています。たとえば、自分が愛する家族や親しい友人を相手にするときは「わたし―あなた」の関係ですが、スーパーのレジ係に対しては「わたし―それ」の関係をとっているというわけです。

　また、自分は孤独だと思っている人は、結局「わたし―それ」の関係しか人ともつことができず、自分以外の人をすべて第三者とみていることになります。

　ブーバーはさらに、「わたし」自体も、二人称の「あなた」との関係にあるときと、三人称の「それ」との関係にあるときでは異なっていることを強調しています。「わたし―それ」の場合の「わたし」は、いってみれば安全地帯にいます。そして、あたかもテレビをながめるように、相手を観察し、操縦し、利用しようとしているのです。

　「わたし―あなた」の関係は、互いに生身なのですから、相手とのやりとりで、素晴らしい共感を得られることもありますが、その一方で相手から傷つけられる恐れもあります。しかし、そのようなプロセスをへて次第に成長していくのが私たちの人間関係です。この二人称の関係こそ**真実な関係**であり、自分も相手も本来の姿になることができます。二人称の関係では心の交流が行われ、互いの考え方がちがっていても、そのまま受け容れ合うことができます。

　しかし、私たちは毎日の生活を、この真実な関係だけで通しているわけではありません。人により、場合により、「わたし―あなた」の関係と「わたし―それ」の関係とを繰り返しているのが現実です。

　私たちは可能なかぎり多くの人たちと、「わたし―あなた」の関係をもちたいものです。しかし、それを妨げる原因がいくつかあります。

Transactional Analysis

　ひとつは、性格的に自己中心的傾向がある場合です。特に日本人の場合、未熟な親子関係によって「甘えさせる―甘やかされる」というパターンのまま大人になると、相手に母親なり父親なりの代わりとして、甘えさせてくれる役割を期待します。甘えるということは、相手を支配すること、自分の独占下に置こうとするわけですから、「わたし―それ」の関係になります。

　もうひとつは、互いに習慣がちがい、考え方もちがう人間どうしが生身のままぶつかった場合、相互のくいちがいから、傷つけ合い痛手を負うことを恐れ、厚い仮面を何重にもかぶり、イキイキした関係を結べず、三人称の関係を続けることがあります。ビジネスマンとして会社で仮面をかぶり、家庭でも妻にさえ「メシ」、「フロ」、「ネル」などの言葉しかかけず、相手をモノとしてみているのがこの例です。

　また、今の社会自体が、自分のためには他人を利用してもかまわないといった風潮が強く、人と人の精神面でのふれあいが軽視されていることも問題です。

　このようなあらゆる障害や困難にかかわらず、真実な関係「わたし―あなた」の二人称の関係を多くの人と結ぶことは、私たち自身の成長にとっても大切なことです。この「わたし―あなた」の関係に気づいたあなたは、毎日の生活の中で、それを大いに実践していただけることを願っています。

ワーク20 真実な関係

ねらい

①人と人との基本的なかかわり合いを体験的に学び、ふだんの自分のかかわり方に気づきます。
②〈我と汝〉〈我とそれ〉を体験的に理解する試みです。
●このワークをそのまま上記2つのかかわりに当てはめることに無理があることは十分承知した上で、感覚的に体験することを通して、実感を得てもらうことを期待しています。

進め方

①二人一組になって椅子に座り、周囲のペアとのスペースを適当にとります。
②二人が互いに向かい合って、お互いの膝の間にゲンコツが1個入る程度の距離に座ります。
③真正面に向かい合い、お互いの目を無言で1分間見つめ合います。
④互いに左斜め30度の方向に向きを変え、そのまま真正面を見ます。お互いの視線は合わせずに、1分間過ごします。

ふり返り

①2つの体験から、どのようなことを感じたかペアで話し合います。
②二人の話し合いの結果を全体でシェアします。
　参加者からは、次のような感想が聞かれます。
　〈真正面を向いて座ったとき〉
　・緊張をし、居心地の悪さを感じた
　・圧迫感、威圧感のようなものを感じた
　・人とふれあっているエネルギーのようなものを感じた
　・相手の人が何を考えているか気になった
　・相手を通して、自分を見る思いがした
　・時間を経過した後は、落ち着いてきた

　〈斜めにずらして座ったとき〉
　・ほっとし、解放的になった

Transactional Analysis

- ・相手が気にならなかった
- ・楽だけれども、もの淋しいような気持ちになった
- ・雑念が湧いてきた
- ・自分の世界にいることができた
- ・緊張感がなく、けだるさを感じた

● この演習は短い時間ですが、マルチン・ブーバーの関係的世界観を体感できると思います。この世界観は、ＴＡをはじめとする人間関係の基本的な底流になるものだと認識しています。

③「ストロークとの関係から、この演習で何か気づいたこと、学んだことはありますか」と問いかけ、下記のコメントを補足して、まとめとします。

第二人称的関係	第三人称的関係
生身の人間が生きたかかわり	物化した人間のかかわり
今ここに存在する関係	観念的かかわり
共通の世界に存在する	いつかどこかに存在する関係
共感的／相互影響関係	自分の世界に存在する
対決的－出会い－対話的	独感的／一方的関係
具体的／現実的	逃避的－すれ違い－独白的
真実な関係	抽象的／空想的
	操作的な関係

まとめ

ヤマアラシのジレンマ

人間関係を考えるときにとても示唆に富む寓話「ヤマアラシのジレンマ」を紹介しましょう。

「ある冬の日、寒さに凍えた二匹のヤマアラシがお互いに暖め合っていました。ところが彼らは、自分たちのトゲでお互いを刺してしまうことに気づきました。そこで彼らは、離れてみましたが今度は寒くなってしまったのです……」これがヤマアラシのジレンマです。

哲学者ショーペンハウエルの寓話を元に心理学の大家フロイトが考えた話です。

お互い踏み込みすぎると傷つけたり、居心地が悪くなったりして関係が悪化しますが、だからといって離れすぎると寒さに凍え関係が保てないのです。

相手の針の長さをよく考えて近づきつつ、遠ざかりつつ、ときには傷ついたり寒くなったりという葛藤や緊張を繰り返します。その繰り返しを経た先に適度な距離感がつかめるようになります。このことは、私たちが関係性を深めるために必須な過程だといえます。相手の針の長さを知ること

と同時に自分の針の長さを知らなければなりません。

　常時、「我と汝」のかかわりをすることは現実的に困難なことですが、ときには、相手の人と真正面に相対して対話をすることは、最大のストロークであり、お互いにイキイキとした関係が形成されるきっかけとなります。

参考シートの紹介

　先に紹介したワークのほかにもストロークに関するワークはたくさんあります。その中からいくつかのワークシートを紹介しますので、みなさんなりにアレンジして活用ください。

　〈参考シート①〉（p144）

　これは、ワーク7の後などに実施しています。参加者全員がお互いを知っている環境であれば、グループ以外の参加者からもストロークをもらおうという目的で実施します。

　企業内研修では、グループの構成を考える際に、なるべく日ごろ、接点のないメンバー同士を1つのグループで構成するように依頼をします。それでなければ、率直なフィードバックが起こりにくく、自己理解が深まらないからです。その反面、受講者のことをよく知っている仲間が他のグループにいることが多くなります。そこで、本ワークシートを用い、椅子をもって全体で1つの円になりシートを回すことで、多くの仲間からストロークが得られ、与えられた受講者は自分のターゲット・ストロークに気づく機会にもなります。自分で自分のターゲット・ストロークを理解している受講者は少ないのです。

　〈参考シート②③④〉（p145〜147）

　これらは、階層別研修で用いるワークシートです。ストロークという言葉を用いず、別の言葉に置き換えて、「OKメッセージを交換しよう」「美点凝視：相手の良い点に気づこう」などのタイトル（テーマ）で実施します。もちろん、ストロークの説明をしながら行うこともあります。

　用いるタイミングはさまざまですが、例えば、コミュニケーションに関する内容の終盤や研修の最終段階で目標設定をする直前（参考シート④）などに実施することが多くあります。

　みなさんなりにアレンジをして、活用ください。

Transactional Analysis

参考シート①北風から太陽の職場へ

氏名：

「誉め言葉は、人間に降り注ぐ日光のようなもの。それなしには、花開くことも成長することもできない。われわれは事ある毎に批判の冷たい風を人に吹きつけるが、誉め言葉という温かい日光を人に注ごうとはなかなかしない」（ジュス・レアー）

肯定的ストローク

以上のストロークをもらってどのように感じましたか？　ありのまま表現してください。

参考シート②OKメッセージの交換 (1)

さんへ	さんへ
1. あなたは 2. あなたは 3. あなたは <div align="right">より</div>	1. あなたは 2. あなたは 3. あなたは <div align="right">より</div>
さんへ	さんへ
1. あなたは 2. あなたは 3. あなたは <div align="right">より</div>	1. あなたは 2. あなたは 3. あなたは <div align="right">より</div>
さんへ	さんへ
1. あなたは 2. あなたは 3. あなたは <div align="right">より</div>	1. あなたは 2. あなたは 3. あなたは <div align="right">より</div>

Transactional Analysis

参考シート③OKメッセージの交換 (2)

激励メッセージ　　　　　　　　　　　　より

激励メッセージ　　　　　　　　　　　　より

激励メッセージ　　　　　　　　　　　　より

激励メッセージ　　　　　　　　　　　　より

激励メッセージ　　　　　　　　　　　　より

第4章　ストローク──モチベーションと職場の活性化

参考シート④友情メモ

--✂----------

友情メモ　　　　　　　　　　　さんへ　※具体的なことを書きましょう。

| あなたの強みだと思う。
さらに活かして活躍してよ。

①

②

③ | これから、こんな点を改善していくと、
きっとさらにすばらしい人物になれると思う。

①

② |

--✂----------

友情メモ　　　　　　　　　　　さんへ　※具体的なことを書きましょう。

| あなたの強みだと思う。
さらに活かして活躍してよ。

①

②

③ | これから、こんな点を改善していくと、
きっとさらにすばらしい人物になれると思う。

①

② |

--✂----------

友情メモ　　　　　　　　　　　さんへ　※具体的なことを書きましょう。

| あなたの強みだと思う。
さらに活かして活躍してよ。

①

②

③ | これから、こんな点を改善していくと、
きっとさらにすばらしい人物になれると思う。

①

② |

--✂----------

Transactional Analysis

第5章

基本的な人生態度
──健全な対人関係

1 ▶ 対人関係の基本態度

　私たちは、この世に生まれてきたとき、両親や家族から期待され、望まれて、「私はOK」といういわば「王子さま」、「お姫さま」として生まれてきます。

　そして成長する過程で、周囲の人たちと、いろいろな交流をはじめます。たいていの幼児にとって、おとなは、自分の生命を維持してくれる存在であり、その保護によって生きることができるわけですから、幼児は周囲のおとなに対して劣等感をもちはじめます。

　なんといっても、おとなは身長も高く、力もあります。それにくらべて自分は何もかも見劣りのする存在です。このあたりから「私はNOT OKで、あなたはOK」という人生に対するひとつの構えができます。そのうえ、両親から「おまえはダメな子！」「バカ者」などと言われると、この構えはますます強化されます。一度、構えを決定してしまうと、その構えはかなり長く残り、その人の人生観に影響を与えます。

> OKとは、安心感がある、愛されている、生きている価値がある、正しい、強い、役に立つ、優れている、……などです。
> NOT OKとは、愛されるに値しない、無知である、のろまである、失敗する、何をやってもダメ、劣る、……などです。

　子どもがあまりひどく痛めつけられたり、心理的に傷つけられると、「私はNOT OK」という気持ちの反動として、「私はOKで、あなたはNOT OK」という自己防衛的な基本な人生態度をもつようになります。

　また、両親から期待もされず、いつもじゃま者扱いされていると、自分の人生に対して悲観的になり、自分は生きていてもどうしようもない、何もかもダメという心境になります。これが「私もあなたもNOT OK」という人生の態度を形成していくようになります。

　これに対して、自分自身も、相手も肯定的に受容できる人生態度が「私もOK、あなたもOK」です。これは健康な人生態度で、自発的で、寛容で、柔軟性があり、他の人たちと協力して生きていくことができます。

このように私たちの中には、自分と他人に対する信頼感、不信感によって、人生に対する４つの基本的態度が形成されています。

誰もが多かれ少なかれ、４つの態度のすべてをもち合わせており、その中心的なものは４つの態度のうち、いずれかひとつであると考えられています。

ＴＡの創始者エリック・バーンは、「私たちは生涯をかけて『私もあなたもOK』という人生態度を形成するための努力をすることが重要だ」といっています。

２ ▶ 対人行動にあらわれる４つの態度（心理的ポジション）

① I'm OK & You're OK

この理想的な人生態度に基づく人間関係は、親密でお互いに相手に対して純粋な配慮を行う関係といえます。利己的な考えに基づいて、自分の利益のために他人を支配したり利用したりするような人間関係ではありません。また、見せかけの仮面を維持するために、多大のエネルギーを費やして演出するようなこともありません。

こういった態度を保持できる人は、自分を信じ、相手を信頼して、相手と共に協力的にやっていける人です。また、問題を建設的に処理することができ、自分の人生に真剣に取り組む姿勢を保持できる人でもあります。

② I'm NOT OK & You're OK

この態度をもつ人は一般的に、他者と比べて自分は無力であるといった劣等感をもちやすいでしょう。

自己卑下の気持ちや消極的な態度のために、自分をOKであると自認する人たちと共にいることが苦痛になり、なかなか親密な関係を結ぶことができません。そして、親しくなることを回避して孤立し、憂うつになったり、後悔したりすることがあります。

こういった態度をとりやすい人は、どうしても問題から逃げ出しがちです。問題を避けられないときには動けなくなり、それらを他人に責任転嫁してしまいます。

自分の安心感を求める手段として、権威的で支配的な人を求めて生きる人もいます。頼りになる人を見つけるや、その人の指示通りに動き、終始、従順な態度で依存的になったり、絶えず人からの承認や認知を求めている人だともいえます。

③ I'm OK & You're NOT OK

この人生態度をもつ人は、相手を傷つけたり、やっつけたり、排除してしまいたいというような衝動に駆られます。

心の底では、自分は犠牲にされているという感じや虐待されているという印象などがあり、自分が惨めなのは人のせいだと非難します。

しかし、こういう態度をもった人は、闘志満々とした態度で仕事や自分の人生に臨むので、企業

や組織のトップに立ったり、自分の所属する部署の長などに昇進する場合が多いともいえます。

④ I'm NOT OK & You're NOT OK

この人生態度は、人生は無価値なもので、何にも良いことはないと感じる、絶望的、虚無的な態度です。この構えをとる人は、他人が与えようとする愛情や注目を拒否し、自分の殻に閉じこもって、他人と交流するのをやめてしまいます。

愛を求める欲求がとくに強いために、相手が自分を引き続き愛してくれているかどうかを、いつも確かめておかないと安心していられない人がいます。しかし、まだ正しく人を愛する術を身につけていないので、かえって相手の拒絶を招くようなことばかりしてしまうのです。

表5-1に、4つの心理的ポジションをまとめました。表内の基本的な人生態度の図について、補足しておきます。

横軸は「私」で、右へいくほど「I'm OK（私はOK）」、左へいくほど「I'm NOT OK（私はOKではない）」を表しています。縦軸は「他者」で、上へいくほど「You're OK（あなたはOK）」、下へいくほど「You're NOT OK（あなたはOKではない）」となります。そうすると「I'm OK & You're OK（私もOK、あなたもOK）」、「I'm NOT OK & You're OK（あなたはOK、私はOKではない）」、「I'm OK & You're NOT OK（私はOK、あなたはOKではない）」、「I'm NOT OK & You're NOT OK（私もあなたもみんなOKではない）」という4つの領域に分けられ、私たちの中には、自分と他者に対する信頼感、不信感によって、生き方に対する4つの基本的態度が形成されます。

私たちは、対人関係のいろいろな場面で、「一緒にやっていく」という態度を示しているときもあれば、「相手を排除しよう」としてカッとなっているときもあります。それらがいろいろ積み重なって、どの行動が多いかで、自分の人生の基本的な人生態度を知ることができます。

人生態度は、仕事中あるいは対人関係に何かトラブルがあり、その原因はいったいどこにあるのか……と考えるときなどにあらわれやすいものです。

たとえば、納期に間に合わなかった、あと一歩のところで競合に負けてしまった、チームの目標が未達成だった……そのような場合に、いったい何が原因だったのかは、冷静に考えてみると検討がつくものです。しかし、私たちは、しばしば頭でわかっていても心の中では感情に走りがちで、その感情こそが小さなころから培われた人生態度をあらわすのです。

「あぁ、俺ってなんてダメなんだろう」、「あいつがミスをしたせいで、こっちまでとばっちりをくったじゃないか！」、「これだけ足ししげく通い詰めたのに……」

そんな潜在的な人生態度が、良くも悪くも、これまでのあなたの対人関係を規定してきたのです。

「I'm OK & You're OK」という建設的な対人関係の姿勢をもつには、まず自分がどのような対人行動の傾向をもっているのかに気づき、自分の「OKではない感じ」のものを「OKな感じ」のものに転換して、対人関係の一つひとつを意識的に「他者と一緒に協力してやっていく」ことからはじめてみるのがよいでしょう。

表 5-1 対人関係：4つの心理的ポジション

基本的な人生態度	私もOK あなたもOK	私はNOT OK あなたはOK	私はOK あなたはNOT OK	私もあなたも みんなNOT OK
主な内容	・明るい ・自信にあふれている ・積極的 ・協調的	・消極的 ・他力本願 ・逃避的	・独善的 ・排他的 ・一人よがり	・虚無的 ・絶望的
他者への感じ方	・平等	・自分が劣る	・自分が優る	・落胆 ・疎外
感情傾向	・喜び ・うれしさ ・充実感 ・安定感 ・さわやかな気分	・劣等感 ・悲しみ ・恐れ ・不安 ・罪意識	・怒り ・優越感 ・イライラ	・絶望 ・虚無 ・怒り ・恐れ ・不信
かかわり方	・開放的 ・人への信頼をあらわす ・そのままで人から信頼される	・従順 ・人の言うとおりにする ・働きかけを待っている ・自己防衛 ・自己弁解	・教えてやる ・助けてやる ・求められれば応えてやる ・攻撃的	・人とかかわろうとしない ・敵意をもって険悪 ・唐突 ・反抗的
葛藤への対処法	・協力的 ・協調的 ・よく話し合う ・妥協点をさがす ・自らを信じ、他者と話し合う	・逃げる ・避ける ・相手にゆずる ・ひきのばす ・自分だけで何とかしようと抱え込む ・他者を頼る	・やっつける ・人のせいにして責める ・力ずくで片づける ・自分の考え、やり方を押しつける ・他者の考えを否定する	・逃げる ・避ける ・ぶちこわす ・問題に圧倒される
ストロークの 与え方	よいストロークを与える	表面的なストロークしか与えない	否定的ストロークが多くなる	ディスカウントする
ストロークの 受け方	ストロークを素直に受けとる	人からのストロークを表面的にしか受けとらない	ストロークを求めない 素直にストロークを受けとらないし喜ばない	ディスカウントを求めるゲームをする すべてをディスカウント的に受けとる

151

Transactional Analysis

ワーク 21

あなたの基本的態度

ねらい

①自己の4つのポジションの傾向に気づき、より望ましいポジションへの変革の手がかりをつかみます。

②自分自身のOK、周囲の人へのOKを高めるためのヒントを獲得します。

③あなたの基本的な態度が、どのような領域で成り立っているかを検討します。

進め方

①ワークシートを配布し、下記の説明をもとに作成します。

●基本的な態度を考えてみましょう。もし、対人関係で何かトラブルが起きたとしたら、あなたは周囲の人に対してどの基本的態度をとりますか。

記入にあたっては、あまりむずかしく考えず、A〜Dの4つの態度について直感で点数を○で囲んでください。5点をまあまあの位置として、点を各座標軸上にとります。その点を中心に直線を引きます。（例：Aの点であれば、CとDの直線と平行に）

そして、それぞれの直線が交差するところで直線を引き終え、長方形を完成させてください。

点をつけるにあたっては、以下の点からチェックしてください。

・あなたの行動・態度について
・あなたの考え方について
・あなたの感情のもち方・反応のし方について

②OK図表の記入を終えたら、問いに進みます。問1から問5の回答はグラフの余白を使い、自由にメモをしてください。

●問いでは、「対人関係：4つの心理的ポジション」（表5-1）を参考にすることを伝えます。

③1問ずつゆっくりと時間をかけ、記入を終えるごとに、ペアやグループでシェアしながら、次の問いへと進みます。

ワークシート　あなたの基本的態度

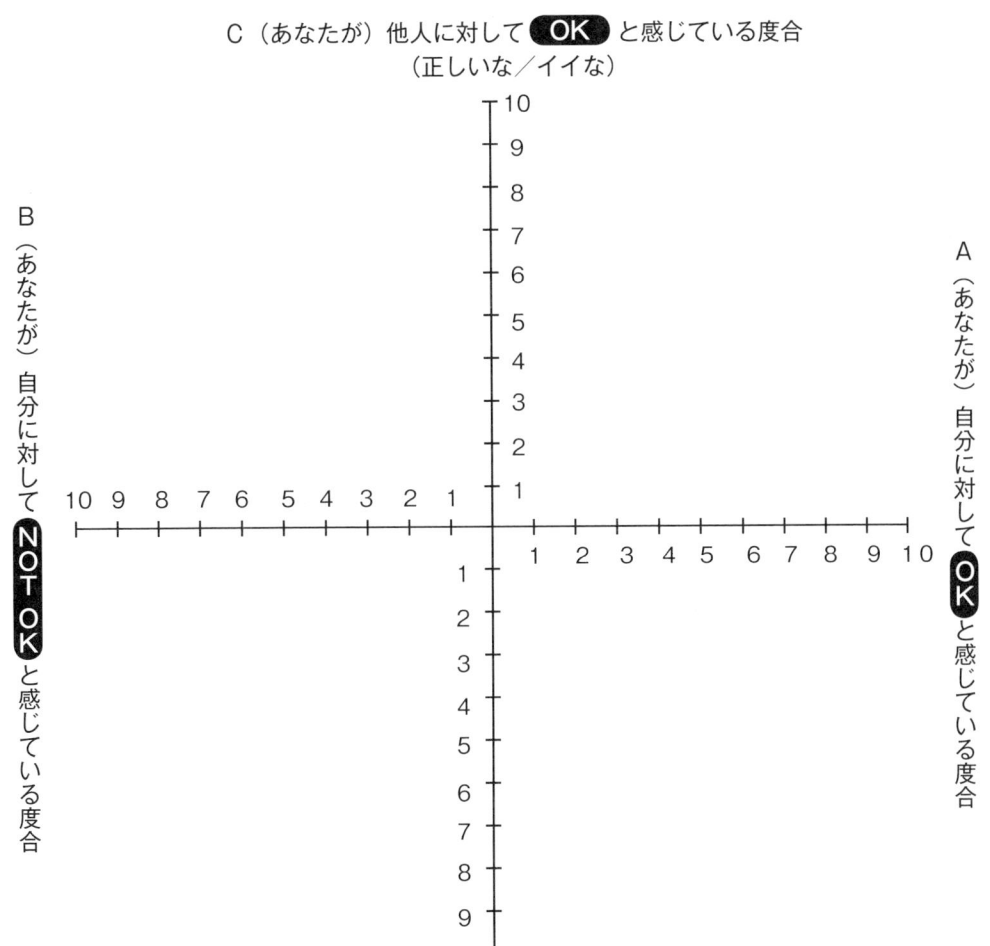

自己分析：ＯＫ図表

C（あなたが）他人に対して **OK** と感じている度合
（正しいな／イイな）

B（あなたが）自分に対して **NOT OK** と感じている度合

A（あなたが）自分に対して **OK** と感じている度合

（まちがっている／ヤダな）
D（あなたが）他人に対して **NOT OK** と感じている度合

問1：それぞれのポジションに入りやすいのは、どのような状況下でしょうか。それぞれのポジションにいるときにあなたが言ったり、したり、感じたりする典型的なものに、どのようなものがあるでしょうか。

問2：それぞれのポジションでは、どの心のチャンネルが存在するでしょうか。そして、相手のどの心のチャンネルをフックしているでしょうか。

問3：それぞれのポジションでは、どのようなストロークをもらい、また与えているでしょうか。

問4：ＯＫグラフを描いてみて、変えたいところはどこでしょうか。

問5：そのためにできることは何でしょうか。

Transactional Analysis

ふり返り

① 「自分自身のOKを高めることと、他の人へのOKを高めることは、どちらが取り組みやすいと思われますか」と問いかけ、以下を参考にまとめをします。

まとめ

自分にOKを出すために

筆者は自分にOKを出すことが、強いては相手の中の良い点を認め、欠点を受け入れることに結びつくのではないかと考えています。

それは、人間関係は一対一が基本ですが、大元（出発点）は自分との関係だと考えているからです。

自分にOKを出し、愛着をもつには、1つは、欠点に愛想をつかさないことではないでしょうか。これは欠点に満足することではありません。欠点を認めることと満足することは別です。

欠点を認める上で大事なことは欠点を隠さないこと、実力以上に見せかけないことです。欠点を隠そうとすると、その反動として空威張りしたり、粗野になったり、生意気な態度をとるようになり、NOT OKが顕在化します。しかし、このことから解放されると心は楽になります。余分な緊張が解け、動作や考え方が自然になります。突っ張ったところがなくなり、他の人の目にも素直に映るようになります。こうなると長所が前面に出て、ものごとがうまくいくようになり、徐々にですが、自信が芽生えるようになります。

また、他人の欠点にも寛容になります。部下の欠点をいちいちあげつらうこともなくなり、大きな気持ちで部下をみることができるようになります。自信は相手に対する思いやりに通ずるものです。

2つ目は、長所を伸ばそうとすることです。長所を伸ばすことで、短所がその人の味になるからです。そうすると、まわりの人が短所を補ってくれるようになります。私たちは完全ではないのですから、お互いに補い、助け合うしかありません。それぞれが個性を発揮するとともに、短所を補い合います。

筆者は、経営コンサルタントでありながら、データでものを言うよりも、感覚で動く傾向があります。これまでの慣習にとらわれず、枠組みを取り払おうとします。感覚で動く筆者をスタッフが論理的にフォローをしてくれ、日ごろ、たいへん助けられています。と同時に、筆者の中にも、データや枠組みなどを尊重しようとする考えが、徐々に芽生えてきているように思います。

そして、次におすすめする方法は、自分の身近な人の中で、"I'm OK & You're OK"の領域が広いと思われるモデルを探すことです。その人がなぜ"I'm OK & You're OK"だと思うのか、その点を観察し、自分の中に取り入れることです。

この方法の優れている点は、モデルを探す時点で、自然と"You're OK"の意識が働くことです。

相手の中にある"You're OK"を探そうとしている、その自分は既に"I'm OK"なのです。

Transactional Analysis

第6章 ゲーム分析
——マネジメントのトラブルのもと

1 ▶ 心理的ゲームとは

　ふつう"ゲーム"というと、"遊び"とか"競技"などを意味して、何か楽しいこと、好ましいこと、という感じがするものですが、本書でいう"心理的ゲーム"は、後味の悪いもの、避けるべきことをいいます。

　TAの創始者エリック・バーンは、「ゲームとは、はっきりと予言しうる結果にむかって進行する平行的、裏面的やりとりの継続するシリーズである。具体的には、それが隠された動機で、しばしば反復的な、表面的にはもっともらしいやりとりの繰り返しである。あるいはもっと日常語でいえばワナやからくりのある、かけひきのシリーズである」といっています。

　日常生活、職場や家庭生活など、いろいろな場面で繰り返される人間関係の悪循環のようなものです。

〈エリック・バーンによるゲームの公式〉

(仕掛人) + (乗せられる人) = (応答) → (はぐらかし) → (混乱) → (結末)

仕掛人	乗せられる人	応答	はぐらかし	混乱	結末
Ⓐで気づいていない隠された意図をもっている	ゲームに乗せられるような弱みをもっている	表面的にはⒶ－Ⓐのやりとりが行われる	何らかのトリックやワナがある	「どうしてこんなことになってしまったのだろう？」という混乱	不快感や後味の悪い感情の残る結末
その意図はOKでないことを証明する		二重の隠されたやりとりが行われている	自我状態が切りかえられる ゲームの役割がスイッチする		はじめのねらいの"OKでない"がはっきりと証明される

アメリカの精神科医であり心理臨床家であるロバート・グルーディングは、ゲームを次のように定義しています。
- 表面的にはⒶ―Ⓐのやりとりが行われる
- ところが、裏面では隠されたやりとりが行われている
- こうしたやりとりは、無意識のうちに行われている（Ⓐでは気づいていない）
- 終わったあとで、不快な感じや、モヤモヤした後味の悪いいやな感情が残る
- 同じ相手と何度も何度も繰り返し行われるやりとりのパターンである

そして、人間関係を悪化させたまま固定します。

2 ▶ 心理的ゲームの種類とドラマ三角形

　ＴＡの専門家で精神科医のスティーブ・カープマンは、ゲームには"迫害者"、"犠牲者"、"救援者"の３つの役割があり、迫害者が犠牲者をやっつけているところに、救援者が救いの手を差し伸べると、もうすでに、そうした行動そのものが、ゲームになっているといっています。そして、ゲームでは、途中で役割の交代が行われながら進展していくことが多いのですが、ゲームを行っている人の誰かひとりでも、その役割を降りると、ゲームはそこで中止されます。

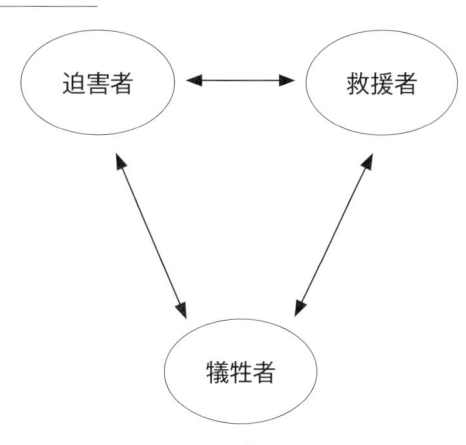

図6-1　カープマンの三角形

　カープマンの定義をより具体的に理解するために、いくつかの事例を紹介しましょう。

迫害者の役割で行われるゲーム

　迫害者の役割で行われるゲームは、必ず相手をあわれな犠牲者に仕立てます。その基本的態度は、"私はOKだけれど、あなたはOKではない"というもので、心の底ではそれを証明するために仕掛け、それが証明された段階でゲームは終わります。

① 「イエス、バット（はい……でも……）」のゲーム
　このゲームを仕掛ける人は、「私が抱えている問題は、誰にも解決できるわけがない」ということを証明しようとしています。
　"あなたはOKではない"ということを確かめるために行われるのですが、これが問題の解決に少しも役立たないということまでは考えてみようとしません。このゲームは、周囲の人に同情的なアドバイスを求めるところからはじまります。乗せられる人は、「こうしたらどうか」、「そうして

Transactional Analysis

はダメだ」とアドバイスしますが、仕掛人は、その提案が少しも役立たないという理由を示します。結局、アドバイスできることが何もないと乗せられる人が気づいて黙ったときに、このゲームは終結して、事態はふり出しに戻ります。次のケースがその典型といえます。

社長A 「Bさん、うちの管理者の連中は、まったくリーダーシップを発揮できないのだけど、何かよい教育の仕方はないものでしょうか」
社長B 「うちもリーダーの育成に苦慮しているんです。先日、L研究所に研修を依頼したのですが、とても評判が良かったですよ」
社長A 「でも、研修はどこも似たりよったりで、これまであまり良い印象をもっていないんですよ」
社長B 「それでは、Rコンサルタントに相談してみてはいかがですか」
社長A 「はい、でも講演や上からの指示ばかりでは、何も変わりませんからね」
社長B 「そうか、それじゃあ、社内でどのような育成をすべきか検討してみては」
社長A 「はい、しかし、うちの社員の意見では参考になるかどうか……」
社長B （そもそも経営者のあなたが学ぶ姿勢がないんだよ）「だったら、思いきって会社を売ったら」
社長A 「人のことだと思って気楽に言わないでくださいよ〜」

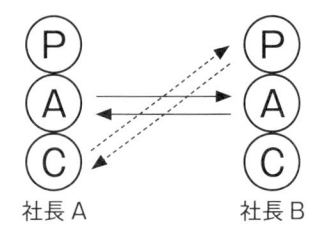

Ⓐ：相談があります。
裏面：そうはさせないぞ！
Ⓐ：……したらどうですか？
裏面：助けてあげましょう。

> 表面は人材を育てたいと相談をもちかけていますが、裏面では私を説得することなど、あなたにはできるわけがない、と"あなたはNOT OK"を証明しようとしています。

　このケースで迫害者は社長A、救援者は社長B、そして結局、最後は「あなたはちっとも私の期待する意見を提示してくれないじゃないか」という八つ当たりにも似た感情を残して、このゲームは幕を閉じます。社長Bは、救援者から犠牲者となり終結します。

② 「あなたのせいでこうなった」のゲーム
　このゲームは、自分の誤りの責任を他人に転嫁するものです。責任の所在がはっきりせず、水かけ論に終わるケースが多く、そこでは何も決定されないのですが、とにかく"自分はOKだけれど、あなたはOKではない"という態度を確かめたくて相手にゲームを仕掛けます。次のようなケースがあります。

課長　「キミ、昨日、田中商事さんが『この間の話はなかったことにしてくれ』と電話で言ってきたけど、どうしたんだね」
部下　「えっ、本当ですか。私は納期のことで、来月の上旬までに納めることは難しいと伝えただけですが」
課長　「そうか、納期に行き違いがあったのか。なぜ、そのことを私に相談してくれなかったんだ」
部下　「いえ、課長には話しましたよ。そうしたら、新規の顧客を従来の顧客より優先させるのはまずいと、おっしゃったじゃありませんか」
課長　「キミ！　それは場合によりけりだよ。キミはなんて機転がきかないんだ」
部下　「私だって、一所懸命、課長に現場の事情をお話したじゃないですか」
課長　「しかし、結果は結果だ。キミのおかげで新しい顧客を逃してしまったんだぞ！」

　問題は、部下がどのような返答をしようとも、その責任を押しつけようとする課長にあり、部下が責任の多くは課長にあることを力説してもらちがあきません。その点にお互いが気づかないと、水かけ論はいつまでも続いてしまいます。

③「とっちめてやるぞ」のゲーム

　このゲームは、相手をわざと失敗するような状況に追いこんでおきながら、実際に失敗すると、すかさず相手を責めるゲームです。潜在のうちに、相手が失敗することを望み、自分がそれを糾弾することを願っているのですが、当人はそこまで自覚していないので、途中で手を貸そうともしていません。次のようなケースがこれに当たります。

先輩　「この間、頼んでおいたプレゼンの資料が欲しいんだけど」
後輩　「まだ私の手元にそろってないんです」
先輩　「えっ、なんだって！　今日の午後の打ち合わせで使うんだからって、あれほど念を押したじゃないか」
後輩　「しかし、ほかに急ぎの用事もあったものですから……」
先輩　「だから遅れてもいいと思っているのか！　そんな言い訳が通用するわけがないだろう」
後輩　「昨日だって、もう少し仕事をしようとしていたら、飲みに行こうと誘ったのは先輩じゃないですか」
先輩　「バカ！　仕事を抱えているなら、誘われても断るのは当たり前だろ。だいたい、お前は日ごろから公私のケジメがないし、仕事に熱が入っていないんだよ。そんなんでよく昇進したいって言えるよな」

　このゲームの迫害者が犠牲者に対して言いたいことは、"あなたはOKではない"ということですが、それを公然と、しかも誰の目から見ても明らかな形にもっていくために、このチャンスを待っていたというわけです。

Transactional Analysis

犠牲者の役割で行われるゲーム

　ゲームの中には、犠牲者の役割を担うために行われるものもあります。このゲームを仕掛ける人は、"あなたはOKだけれど、私はOKではない"という基本的態度を確かめようとしているので、わざと自分をみじめな立場に追いこんだり、責められるような状況をつくり出そうとします。

① 「私はバカ者」のゲーム
　このゲームを仕掛ける人は、自己嫌悪、自己卑下に陥っているタイプで、とにかく自分がダメな人間であることをアピールしようとしています。それが潜在意識の中にあるため、会話はいつの間にかどうしようもない泥沼にはまり込んでしまいます。

後輩　「ぼくは何をやってもダメなんですよ」
先輩　「そんなことないさ」
後輩　「いいえ、本当に才能がなくて……」
先輩　「そんなことないじゃないか。前期の新規出店のアイデアは好評だったと課長もほめていたぞ」
後輩　「課長は先輩に手伝ってもらったことを知らないんですよ」
先輩　「俺はあのアイデアに関するサポートはしてなかったじゃないか」
後輩　「先輩はそのように言ってくれますが、先輩が貴重な情報をくださったおかげなんですよ。そのことを先輩だって知っているくせに」
先輩　「まったくサポートしていなかったわけじゃないかもしれないけどなぁ……」
後輩　「とにかく、ぼくは才能のかけらもないんですよ。日ごろの評価を見りゃわかるじゃないですか」
先輩　「いや、才能なんて、生まれながらではなく努力の問題なんだよ」
後輩　「努力はしてるんですよ、だけどダメなんですよ。指導も悪いし……」
先輩　「いや、そんなことない、努力が少し足りないだけさ」
後輩　「いえいえ、救いようがないんですよ、ぼくは」
先輩　「そんなことないさ」
後輩　「まったくダメなんですよ！」
先輩　「ダメなんかじゃない！　このバカヤロー！」

　このゲームの特徴は、仕掛人が慰めを欲しがっているわけではなく、後輩が自分は才能がないということを証明しようとしているわけですから、これほど非建設的で破壊的なやりとりはありません。

②「かわいそうな私」のゲーム

このゲームは、人からみると、どうしてそんなに惨めな立場に自分を追い込んでしまうのかわからないもので、潜在的に自分を悲劇の主人公に置き換えています。

社員A 「最近、課長がボクのこと何か言ってなかった？」
社員B 「いや、べつに何も聞いていないけど」
社員A 「このごろ、どうもボクを避けているような気がするんだ」
社員B 「そんなことはないだろう。課長もこのところ忙しいんだよ」
社員A 「この間、皆で飲みに行ったときだってボクだけ置いてきぼりだったしなあ」
社員B 「あれは、キミが翌日のプレゼンの資料準備をやっていたからじゃないか」
社員A 「今朝だって、朝礼のときに課長は"成果主義を徹底しよう"と言っていただろう。あれは、ボクへのイヤミだったんだよ」
社員B 「そんなに気を回したってしょうがないじゃないか」
社員A 「ボクにはわかっているんだよ。加藤製鋼所との取り引きでトラブルがあってから、課長がボクのことを見限ったんだ」
社員B 「そんな失敗くらい、キミならこれからいくらでも取り戻せるじゃないか」
社員A 「キミには、いまのボクがどんなに辛い立場にいるかわからないんだよ」
社員B 「もうやめろよ！　そんなに言うんだったら、辞表を書いて課長のところへ持っていくしかないんじゃないか」
社員A 「ほら、やっぱりキミもそう思っているんじゃないか」

仕掛人のもくろみ通りに事が運んだ結果、お互いにイヤな気分を残して、このゲームは結末を迎えました。乗せられる人にしてみればいい迷惑ですが、抜け方が分かっていれば、ゲームの途中で逃げ出すことも可能です。

③「ハンディキャップ」のゲーム

このゲームは、失敗やトラブルの原因を自分のハンディキャップのせいにしてしまうものです。ハンディキャップとは、病気や容貌などの身体的なものもあれば、性別、学歴、出身など社会的なものもあります。いずれにせよ、うまくいかなかった理由を自分が抱えている絶対的なハンディキャップのせいにして、物事の真相をみようとしません。

部下 「先週、課長がおっしゃっていたマーケティングのプランニングの件ですが、私が担当するには、どうも荷が重すぎるのですが」
課長 「何言っているんだね。キミの実績からすれば、楽勝のケースじゃないか」
部下 「いえ、とんでもないですよ。この間の"環境アセスメントに関する展望"だって出来が悪かったことは、課長もご存知でしょう」

Transactional Analysis

課長 「あれは誰がやっても同じことだよ」
部下 「私はもともと、高卒だし、専門知識もないんですから……」
課長 「しかし、キミは実践の中で鍛えられているじゃないか」
部下 「しょせん、私は人のお手伝いをするタイプなんですよ」
課長 「キミは、いったい会社に何年いるのかね」
部下 「そりゃあ、年はくっていますが、しょせん教育を受けていないんですから、いつまでも駒にすぎませんよ」

このケースの場合、学歴が自分の仕事の障害になると決めつけているわけで、こうなっては課長も説得不可能のようです。

④「モーレツ」のゲーム

"ワーカーホリック"つまり仕事中毒と呼ばれるような人がこの種のゲームを繰り返しています。
自分が無理なくやれる範囲以上の仕事を引き受けたり、わざと仕事を難しくして時間をかけたりするのが"モーレツ"のゲームなのです。このゲームをする人は、たとえばこんなタイプの人です。

松田課長は、人事部の中では朝一番に出社し、帰りも深夜に及ぶことがしばしばでした。土日も仕事を自宅に持ち帰ったり、ときにはひとりで出社することもありました。家庭サービスをする時間もなく、友人と付き合っているときも、心はここになく、いつも仕事のことを考えている始末でした。

ところが、ついに過労でダウンしてしまい、入院先のベッドで考えることは「ああ、この忙しいときに病気になんかなってしまって！　これではせっかく手をつけはじめたばかりの人材育成計画が中座してしまう」とイライラしています。できれば、部下を呼んで、仕事の指示を与えたかったのですが、見舞いに顔を見せたのは部長だけで「仕事のことを忘れて、ゆっくり休養したまえ」と言われてしまいました。

そして、会社のほうはといえば、松田課長がいなくても、代わりのスタッフが十分にこなしています。

この"モーレツ"ゲームの行きつく先は、「私は人の2倍も3倍も働いた」という自己満足ですが、いったいそこには何が残るのでしょうか。

救援者の役割で行われるゲーム

救援者の役割で行われるゲームを仕掛ける人は、"あなたはOKではない"という基本的態度をもつ場合が多いのですが、先の"迫害者"のゲームと違うのは、自我状態が"ペアレント"でも、"迫害者"はＣＰ、"救援者"はＮＰを使っていることです。しかし、救援者でもゲームが進行すれば、

迫害者の役割に変わっていき、人を責めることになります。

①「おせっかい」のゲーム

　このゲームは相手が助けを必要としていないにもかかわらず、一所懸命に手助けし、最後には「よけいなおせっかいはやめてくれ！」と言われてしまうものです。おせっかいの仕掛人は「こんなに一所懸命やってあげたのに恩知らず！」と相手を責めることになります。

先輩　「何やってるんだい。ちょっと見せてごらん」
後輩　「D銀行さんのテレビCMの叩き台なんですが……」
先輩　「このキャッチコピーじゃ、少し弱いんじゃないかな。知名度もないんだから、センスは
　　　二の次でも、パンチがあるほうがいいな」
後輩　「いや、先方が上品にまとめてくれと言うもんですから」
先輩　「それだから素人は困るんだよ。オレが一緒に行って先方を教育してやろうか」
後輩　「けっこうです！　アドバイスはありがたいのですが、お節介はやめてください」
先輩　「なんだよ。せっかく人が親切で言ってやってるのに。もう、どうなっても知らないぞ」

②「けしかけ」のゲーム

　このゲームも多いようで、進展すると、先にあげた「とっちめてやるぞ」のゲームになり、悪循環の結末がひかえています。これもまた"あなたはOKではない"という基本的態度にもとづいていますが、その対象は直接の相手ではなく、ここにはいない第三者なのです。そして目の前の相手を自分の代理に仕立てようとし、無用なトラブルを生むことになります。

工員A　「いやんなっちゃうだろ、また残業だって。ここんとこ5日連続だね」
工員B　「本当に、これじゃ、帰って寝るだけの毎日ですよ」
工員A　「でもさ、オレの現場なんて遊んでいる奴がいるんだぜ。こりゃ仕事の割り振りが悪いん
　　　だよ。お前、マネジャーに文句言ってみろよ」
工員B　「そうだなあ、でもボクは口がヘタだから、マネジャーに言いくるめられちゃうよ」
工員A　「そんなことじゃ、いつまでたっても待遇は変わらないぞ」
工員B　「でも、もう慣れましたから、なんとかなりますよ」
工員A　「そんなんじゃダメだよ。マネジャーの奴わかっていないんだから、一発かましてやらな
　　　きゃ。ちょっと行ってこいよ」

　このケースは、工員Aのマネジャーに対する「あなたはOKではない」という基本的態度を工員Bに押しつけています。工員Aは野次馬的な立場ですから、その結果がどうなろうとも本人は気楽なものです。

Transactional Analysis

ゲームの3つの程度

ゲームの程度には、以下の3つの程度があります。

〈第1度〉軽症のゲーム

繰り返しゲームを演じて、悪感情を味わいます。不愉快な気分は残りますが、時間の経過とともに解消できる程度のもので、後になれば笑って過ごせるような軽いものをいいます。

社会的な名声が傷ついたり、法律にふれることもありません。

〈第2度〉中程度のゲーム

ゲームを演じることによって味わう悪感情を解消しないうちに、また次のゲームをやり、悪感情を解消しないままに継続します。そのため、いやな感じはなかなか抜けきれません。

〈第3度〉重症のゲーム

バーンは、「それはとことんまで行われ、手術室や法廷あるいは身元不明の死体置場に終わる」といっています。重度の薬物依存、アルコール依存など、自分ないし他人の肉体に損傷を与えたりします。最後の結末は、破壊的になり、稀に離婚や虐待、殺人などに発達することがあります。

3 ▶ 心理的ゲームの特色

ここで、ゲームの特色を整理してみましょう。

①ゲームには始めと終わりがある（転換と結末がある）

ゲームは、仕掛人の仕掛けた罠により開始され、途中で自我状態の転換が起こります。たとえば、先のイエス、バット（はい……でも……）の例では、社長Bのあきれたところがその転換点です。表面的な"アダルト"Ⓐと"アダルト"Ⓐでの会話が、突然のように"ペアレント"Ⓟと"チャイルド"Ⓒにスイッチされ、混乱のうちに結末を迎えます。

②ゲームには隠された意図がある

表面的にみると、もっともらしい社交的な平行的やりとりですが、その裏には必ず別の意図が隠されています。

③"アダルト"Ⓐによる気づきがない

何度も何度も繰り返し行われているにもかかわらず、私たちはゲームと気づかないままゲームを再体験します。

ゲームには、仕掛ける人と仕掛けられる人がいますが、双方ともにゲームをしていることに気づいていません。最終段階になって、「どうしてまたこんなことになってしまったのだろう？」と自問します。その時点になっても、自分自身がそのゲームのお膳立てに一役買っていることには気づ

いていません。

④繰り返し行われる
　私たちは誰でもお気に入りのゲームを何度も繰り返します。ゲームの相手やその周囲の状況は変わっても、そのゲームのパターンはいつも同じなのです。

⑤人生態度を確認する
　繰り返し行われるゲームの結果は、必ず自らの人生態度の"I'm NOT OK"や"You're NOT OK"を確認・強化することになります。

⑥否定的スタンプを収集する
　ゲームは常に仕掛ける人がラケット感情（ニセの感情）を経験して終わります（スタンプやラケットに関して、本書では扱っていません）。

⑦時間の構造化（第7章参照）が容易
　ゲームを行うのは、時間の構造化が容易であることによるものです。ひきこもりは退屈で、親密は不安だからこそ、雑談を契機にゲームに入ると時間がいつの間にか経過し時間の構造化が達成されます。

4 ▶なぜ心理的ゲームをやるのか

　ゲームは、知らず知らずの間に私たちが身につけた人とのやりとりのパターンです。私たちは10歳くらいまでに対人関係の基本的なスタイルを習得するといわれています。そして、それは私たちが成人したあとでも、折にふれ、形を変えて出てくるのです。
　子どものころ、親に叱られたとき、言い訳が先に立っていた人であれば、"はい……でも……"のゲームをしやすいでしょう。親やきょうだいにいじめられてばかりで助けを求めても得られなかった生い立ちの人は、"かわいそうな私"のゲームに陥りがちです。
　このようなことから、バーンは「人はそれぞれ独自のゲームのレパートリーをもっている」といっています。
　私たちは、なぜゲームをするのか、という疑問には、ゲームの特徴とも重なりますが、次のような理由があげられます。

①ストロークを得られる
　私たちの健康的な精神生活にはストロークが欠かせません。それが肯定的ストロークであるにこしたことはありませんが、それが得られなければ、否定的ストロークでも求めたがります。というのは、ストロークが皆無の状態、つまり他人から無視、あるいは軽視されるディスカウントされる

Transactional Analysis

状態に置かれると、私たち人間は正常な心理状態を保っていけないからです。

そのため、はじめから非生産的で、後味が悪いものであると知りながらも、ついつい"ゲーム"に手を出してしまうのです。

ゲームをすると、うまい具合にかまってもらえるため、心の中は落ちつきます。おかげで無視されなくてすみ、また自分の存在価値を確認できるのです。

②時間を構造化することができる

簡単にいえば、退屈せずに過ごすことができます。時間を過ごす（つぶす）にはさまざまな方法がありますが、この"ゲーム"を行えば、かなりの時間を使うことができるため、つい仕掛けてしまったり、またそれに乗せられてしまったりするのです。

ゲームをすると、努力をせずにいつのまにか時間を過ごせるので、心の中は充実します。自分は暇でないことを確認でき、まんまと時間を有効に使う努力をしなくてすみます。お互いもっともらしい言い逃れができるのです。

③"OKではない"という基本的態度を維持できる

"私はOKではない"とか"あなたはOKではない"という基本的態度こそ、問題のある"ゲーム"を行う源泉です。この基本的態度は間違っているとはいえ、私たちは自分の基本姿勢を相手に伝えることによって、自分の基本的態度を維持するために、たえず"ゲーム"を行う必要があるのです。

ゲームをすると、言いたいことを言えるため、心の中は安心します。そのため、自分の立場の正当性を確認できます。

④オープンで率直なコミュニケーションを避けられる

オープンで率直なコミュニケーションでは、どのようなストロークが飛んでくるかわかりませんし、オープンに自分を自己開示することは、不安で恐ろしいことです。そんな冒険をしなくとも、私たちは生きていくことができ、いまさら心を開く必要はないと考えることもできます。ゲームを行うと何とか意思は伝えることができ、周りも動いてくれるので、私たちはゲームをすることで安堵な気持ちを覚えます。

⑤自分の人生脚本を進展させることができる

"人生脚本"とは、"人生とはドラマのようなもので、幼児期に親から与えられた脚本に基づいて演じられている"、と考えるＴＡの主要概念です（本書ではふれていません）。

この脚本は大まかな粗筋しか書かれていませんから、具体的な言動については、その時々に"演技者"つまり当人が"アドリブ"をやって進行させていきます。そのアドリブのひとつが"ゲーム"といえます。

5 ▶ 心理的ゲームをやめるには

①ゲームが存在していることに気づく（自分の得意なゲームに気づく）

　ＴＡを学ぶと、これまでなら知らず知らずのうちに自分がやってしまっていたゲームや、自分が巻き込まれてしまっていたゲームに気づくことができます。特にゲームは、職場の同僚や家族など、毎日、顔を合わせて、言葉を交わしている相手と行いやすいものです。いつもおなじみの人と、毎回毎回、同じようなパターンの会話をしている場合には、「これはゲームではないだろうか」とチェックしてみる必要があります。これは、自分が仕掛人であろうと、乗せられる人であろうと大切なことです。自分の毎日の生活のなかで定期点検してみましょう。

　自分が必要以上に感じてしまう代用感情（ニセの感情）に気づいて、冷静にその感情を検討しましょう。

②ゲームへの出演を控える

　自分がゲームを仕掛けた張本人だったり、あるいは運悪くゲームに巻き込まれてしまったりしていると気づいたときには、自分が、カープマンがいう"迫害者"、"犠牲者"、"救援者"のうちどのような役割を演じているのかを考えてください。そして自分の得意な役割を必要以上に演じ続けることをやめましょう。

　現実にやりとりが進行している最中に、自分を客観的に観察し、分析するには、あなたの中の"アダルト"の自我状態Ⓐを働かせてみることが必要です。

　そのときの自分のものの言い方や感情が、ＣＰなら迫害者、ＮＰなら救援者、"チャイルド"の自我状態Ⓒなら犠牲者であることが多いようです。そして、この役割は、一定のパターンをもっているので、特定の人と繰り返し行われるゲームには特に用心しましょう。

ゲームの仕掛けに乗らない――期待された応答をしない
救援者を演じることをやめる――助けすぎる配役を演じない
　　　　　　　　　　　　　　相手のことを必要以上に同情しない
　　　　　　　　　　　　　　援助を必要としない人たちを助けようとすることをやめる
迫害者を演じることをやめる――責めすぎる配役を演じない
　　　　　　　　　　　　　　必要もないのに他の人たちを批判することをやめる
　　　　　　　　　　　　　　相手の意見や主張などに必要以上に反論しない
犠牲者を演じることをやめる――責められすぎる役割を演じない
　　　　　　　　　　　　　　自分のことを必要以上に責め続けない
　　　　　　　　　　　　　　自らの両脚で実際に立つことができるときに、自分でどうすることもできないふりをしたり、人に頼ることをやめる

Transactional Analysis

③相手が演じ続けている役割を中止する

　自分がゲームの当事者になり、しかもどのような役割を担っているかがわかっていても、すぐにゲームをやめられません。ゲームには相手がいて、その人に「これはムダな会話だから、もう中止しましょう」などと言えば、腹を立てられたり、呆れられたりしてしまうからです。

　特に相手から仕掛けてきた場合にはやっかいです。そのようなときは、まず相手がゲームの中の役割を演じることをやめるように、それとなく援助する必要があります。効果的な方法は、あなたが自分の中の自我状態のⒶを目覚めさせて会話を質問形式に改めることです。Ⓐで質問を投げかけることは、何よりも自分自身がゲームの中の役割を降りることに有効です。また、Ⓐの質問を投げかけた相手も、それに応じるためにⒶの自我状態を働かせるため、それまでのⓅやⒸが弱められます。こうすることで、お互いにゲームの役割を演じることから抜け出せるのです。次のケースがその参考になるでしょう。

社員Ａ　「来月の会社説明会、どうやったらいいのかわからないんだ。どうしたらいいだろう」
社員Ｂ　「主任に相談したら、何かアドバイスしてくれるんじゃないかな」
社員Ａ　「でも、主任はこのところ忙しそうだから、時間を割いてくれないよ」
　（ここまできた段階で、社員Ｂは、ああ、またいつものくせがはじまったな、と見抜きます。
　　ゲームのうちの「イエス、バット（はい……でも……）」ゲームです。そこで、社員ＢはⒶを働
　　かせて、次のような質問形式に切り替えます）
社員Ｂ　「それなら、自分で考えてみてはどう？　たとえば、一番ネックになっているのは、どこ
　　　　なんだろうか」
社員Ａ　「とにかく資料が集まらないんだ」
社員Ｂ　「キミは、その資料はどこへ行けば揃えられると思うんだい？」

　このようにして質問していくと、社員Ａは「でも……」という機会を逃してゲームの泥沼にはまることを避けられます。
　ゲームから抜け出すもうひとつの方法は、相手の期待とはちがった反応をしてみせることです。そうすることで、相手が役割を担うことを中止することができます。次のケースを参考にしてください。

部下　「課長、どうも私はダメです。私は能力がない人間なんです」
課長　「いやそんなことはないよ」
部下　「いいえ、課長だって気づいているでしょう。私がドジするたびにご迷惑をおかけしている
　　　んですから」
　（ここで、課長はこのままいけば、いつものように「私はバカ者」ゲームに巻き込まれることに
　　気づき、相手の期待とはちがった反応をします）
課長　「それはともかく、○○君に聞きたいんだけど、今度の接待なんだが、どこかいいレストラ

ンを知らないかな？　先様は若い社員が多いから、○○君ら若い感覚を教えてもらえると助かるんだが……」

　ゲームを仕掛ける人は、何らかのストロークに飢えています。ですから、ゲームをやることにしても、「そんなくだらない話は聞きたくない」などと打ち切ってしまうと、心は満たされないまま不満が残ってしまいます。そのため、ゲームをやめるにしても、話題を変えるなどして、別のストロークを与えるようにします。

④否定的ストロークの代わりに肯定的ストロークを与える
　ゲームを行う人は、ストロークを、しかも否定的ストロークを求めています。そこで、否定的なストロークで応じる代わりに、肯定的なストロークで答えたらどうなるでしょうか。その結果は、無意味で時間を浪費するゲームを避けられるばかりか、気分がよくなり、仕事にもやる気を起こすことができるでしょう。もちろん、ゲーム好きの人は、基本的態度から修正しなくては対人関係を好転させることがむずかしいかもしれません。しかし、周囲の人々が根気よく、たえず肯定的ストロークを与えることによって、次第に建設的なやりとりを学んでいくことができます。
　たとえば次のように肯定的ストロークを与えます。

部下　「私にそんな仕事を任せるなんてムチャですよ。今までに経験もありませんし、教えてもらったことすらないんですから」
　（このとき、すかさず肯定的ストロークを送ってあげれば、プラスのやりとりに転じることができます）
課長　「確かに○○君が言う通り、経験もないだろう。しかし、私がなぜ○○君を指名したかわかるかね。経験を乗り越えるだけのバイタリティと、既成概念にとらわれない新鮮な発想が○○君にはあると見込んでるんだよ」

　よほどのひねくれものでもない限り、このようなプラスのストロークを与えられてまで否定する人はいないでしょう。このような働きかけを繰り返していけば、本人は自信をもち、これまで眠っていた能力も開花されます。

⑤自分自身や他人を認める配役を演じる
　これは、ゲームを避けるための心構えです。ゲームを行う理由の一つは、ストロークを求めるためだと述べましたが、その裏には、自分自身や周囲の人々が自分を無視したり軽視したり、ディスカウントしていることがあります。ですから、自分からゲームをはじめるタイプであれば、たとえば自分自身を必要以上に責め、その欠点をつついて嘆くのではなく、逆に自分の中のよい部分に目を向けて、自分で自分に肯定的ストロークを与えるようにすればよいのだといえます。
　それと同様に、放っておくとゲームを仕掛けてくるタイプの人に対しても、日ごろから肯定的な

Transactional Analysis

ストロークを与えてあげれば、無用の心理的ゲームに巻き込まれずにすみます。
　そのためにも、自分を認める配役、相手を認める配役、自分が認められる配役などを演じることです。
　ゲームの結末を楽しく終わらせるようにし、悪感情の結末をもたないようにしましょう。"NOT OK のポジション"をもたないようにすることも大切です。

⑥肯定的ストロークの貯金をする

　自分の心の中の肯定的ストロークを常時80％以上にしておくことです。ゲームをする人には、より質の高いストローク、ターゲット・ストロークをプレゼントするように心がけます。
　否定的ストロークはゲームの温床になります。

⑦ゲームについて相手と正直に話し合う

　ゲームは、毎回、決まった相手と同じようなパターンで繰り返されます。後味の悪い感情を繰り返しているのであれば、"ゲームをやめるためにはどうすればよいか"を話し合い、ムダな時間を過ごさないようにすることが必要です。
　もっとも、ゲームの途中で、「キミがやっているのは、"ゲーム"と言ってね……」などと指摘すると、「いやゲームなんかじゃない」「それがゲームなんだよ」などと、これまた水掛け論のゲームになってしまうので、言い方を気をつける必要があります。次のケースを参考にしてください。

先輩　「〇〇君、いまどんな仕事をしているの」
後輩　「来週の会議で報告する研修のアンケート結果をまとめているところです」
先輩　「どれ見せてごらん。このアンケートの数字はもっと大きくした方がいいんじゃないか。お偉方には細かい字じゃ読みにくいだろう」
　（これは、いつもの「お節介」のゲームであると気づいた後輩は次のようにやりとりを誘導していきます）
後輩　「なるほど。さすがは先輩ですね。さっそくそうしましょう。ところで、以前から先輩はアドバイスをしてくれるんですが、ボクとしては、試行錯誤しながらやっていくことも必要だと思うんですよ」
先輩　「オレがでしゃばりだとでも言うのか」
後輩　「いいえ、とんでもないです。とてもありがたいんですよ。だけど生意気なようですが、自分でどこまでやれるか試してみたいんです。そこで行き詰まったら、ボクのほうから先輩に頭を下げて教えていただこうと思っているんです」

⑧ラケットをストロークしない

　ラケットは、「ニセの代用感情」です。みじめな感情に浸ってメソメソするくせのある人の傍に行って、同情して背中をさすったり、ティッシュを差し出したりすると、その人はそこで自己実現

し、ラケット感情が強化をされゲームに発展します。このような場合、「メソメソしても事態は改善されません」と事実を指摘し、相手の"アダルト"を刺激するようにします。

相手の"アダルト"を導くためには、こちらも"アダルト"にチャンネルを入れ、事実に関する5W3Hの質問を用います。

詳細は省きますが、セラピーでの一例として、「上司がいつも厳しいので不安になる」と悩んでいるクライエントに対し、「上司がいつも不安にさせるんですね」と、セラピストは繰り返し技法を用います。そして、十分にクライエントを受容し共感した後、「私が不安を選んでいるんです（になるんです）」と言い換えてもらうことにより、"自分が不安という感情を自ら選んでいる"という、クライエントの気づきや自発性を芽生えさせることができます。

⑨重症のゲームはより軽いゲームへ

重症のゲームをいきなりやめるのは難しいことでしょう。いきなりやめようとすると新たな問題が生じることも考えられます（例：見捨てられ恐怖、空の巣症候群）。

そのため、重い症状を徐々に軽くしていくことも1つの対策として提案します。

⑩時間の構造化を正しく設計する（楽しい時間、生産的な時間をより多くもつ）

「時間の構造化」については、次章で説明しますが、人生における時間的要素は、私たちに多大な影響を与えます。そのため、自分の時間の使い方、自己充実と時間の構造化の問題を慎重に検討してみることをおすすめします。

時間の構造化の構成要素の1つはゲームです。自分のこれまでの時間の構造化を反省検討してみることも、ゲームからの解放につながります。そして、時間の構造化を生産的なものにするための取り組みは、ゲームを打ち切る有力な対策といえます。

⑪否定的ストロークに反応しない

ストローク経済の法則では、欲しくないストローク（主に否定的ストローク）は拒否や否定をしてもよいことを学びました。

「○○は、私には、あまり理解できません」、「あなたにはそう見えるんですね」、「そうかもしれませんが、私はそう思っていません」などと、相手の否定的ストロークの罠にかからないようにします。

⑫あるがままに生きる

ゲームは甘えたくても甘えられない人が演じやすいものです。素直に甘えられない甘え下手の人は、すねたり、ひがんだり、過度の遠慮のかたちであらわします。このような無駄なエネルギーを費やすよりも、素直に楽に生きる方がずっと健康的で楽しく過ごせます。仲間も大勢集まり、健全な対人関係を築くことがかなうでしょう。

⑬ "間"をおくこと、ときには逃げ出すこと

　かねてから習慣化している反応の仕方を一時ストップして、"間"をおくと、こちらに余裕ができ、相手の誘いに乗らない体制ができやすいものです。

　しかし、ゲームの仕掛人がしつこくて、こちらが何を言っても、そのゲームを続けたがるケースもあります。そのような場合は、逃げ出すしかなさそうです。

「悪いけど、ボクもいま忙しいから、その話はまたの機会にしようよ」

「あっ、もうこんな時間だ。電話を入れなくてはいけなかったんだ。申し訳ないが、これで失礼します」など。

　もちろん、この方法は真因の問題解決にはなりません。相手はまた、別の人を相手にしてゲームを続けることになるでしょう。ですから、逃げ出すのは、最後の手段であることを肝に銘じておいてください。

ワーク22

職場のゲーム演習

ねらい

①職場で、自分自身がどのようにゲームを演じているか。その動き（自我状態や役割など）について、体験を通して理解します。
②自分自身が演じやすいゲームの傾向に気づきます。
③私たちの職場で行われているゲームに気づき、非生産的な時間を生産的なものへと導く手がかりをつかみます。

進め方

①ワークシートを配布し、職場で関与していると思われるゲームを、シナリオ風に記述してもらいます。
②シナリオをもとにグループでそれぞれのゲームを紹介し合います。
③紹介した中から、2つのゲームを取り上げます。
④各グループは、近くのスペースで、下図のように椅子6脚と3つの役割のステッカーを用意します。
⑤シナリオにもとづいて、ロールプレイを2名もしくは3名で行います。

●●次の点を観察しましょう。

・シナリオはどのようにはじまりますか
・どの時点でスイッチが起こりましたか
・結末はどのようになりますか
・誰がどのような感情をもちますか
・どのようにゲームから降りる（役割を降板する）方法があるでしょうか

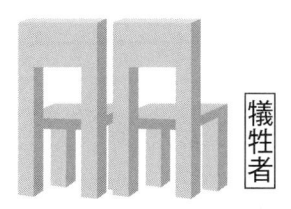

Transactional Analysis

ワークシート　　職場のゲーム演習

あなたが関与していると思われる職場のゲームを、シナリオ風に記述してください。

ふり返り

①ロールプレイから学んだこと、気づいたことは何か、グループで話し合ってもらいます。
●●席に戻らず、ロールプレイの椅子のあたりで
②ゲームから降りる方法は、どのようなものか、グループで話し合ってもらいます。
③上記①②で話し合ったことについて、全体でシェアします。
●●②に関して、ファシリテーターが補足があれば、ほかの方法を提示します。

第7章 時間の構造化
——生産的な時間の使い方

1 ▶ 人間の基本的飢餓

　私たちは生きていく上で、3つの基本的な飢餓（欲求）をもつとTAの創始者エリック・バーンは述べています。

　1つは、刺激の飢餓（欲求）です。私たちは基本的に無刺激では生きていけません。私たちの五感を通して外界から体内に入ってくるすべてのもの——光（明かり）、音、におい、風、食べたり飲んだりすること——が刺激で、肉体的欲求を充足する飢餓（欲求）をもっています。

　2つ目は、認知的飢餓（欲求）です。刺激が充足されると、その次に他者から認められたいという飢餓（欲求）、自分が望むストロークを他の人々と交換したいという心理的承認の欲求をもちます。

　そして、3つ目に、その心理的承認であるストロークを交換するために、時間の構造化の飢餓（欲求）をもつのです。

2 ▶ 時間の構造化とは

　バーンは、上記の基本的飢餓を充足するために、時間を6つの方法で構造化していると考えました（図7-1）。

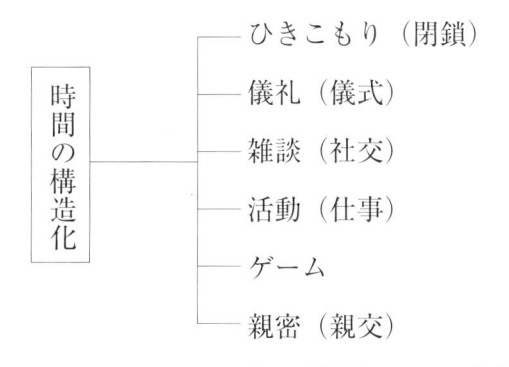

```
                  ┌── ひきこもり（閉鎖）
                  ├── 儀礼（儀式）
時間の構造化 ─────┼── 雑談（社交）
                  ├── 活動（仕事）
                  ├── ゲーム
                  └── 親密（親交）
```

図7-1　時間の構造化の6つの方法

3 ▶ 6つの時間の構造

ひきこもり（閉鎖）

　ひきこもりとは、文字通り、自分の殻の中にひきこもって、外界との交流を閉ざすことです。

　人生の早期に母親からの愛情を剥奪されたり、ストローク飢餓を体験した人々によく見られるものです。常に接近や拒絶の恐怖にかられているために、他人との間に適切な距離を保つことができず、ひきこもることになります。対人関係から距離を置き、自分で自分にストロークを与えることのみが可能です。

　ときとして、私たちはストロークのやりとりに疲れ、ひとりの時間をもちたくなるときもあります。私たちは、誰とも話をせず、ひとり静かに時を過ごして休養することも生理的に必要なのですから、無駄な時間とは言い切れません。

　外見的にはひきこもりであっても、積極的なものもあります。新しい構想を練るためにじゃまをされたくないので自宅に閉じこもる、黙々と趣味の映画を見る、自分の世界を広げるために読書をするなども、ひきこもりに該当します。

　夜の睡眠や昼間の仮眠も、このカテゴリーに含まれます。

　自分の生き方に確信を失った若者に、ひきこもりの時間の構造化の方法をとる姿がみられます。いわゆる自己同一性（アイデンティティ）の危機の状態です。また、表面的には、仲間と同調しながら、内面的に自分の殻の中にひきこもり、実質的に情緒的なふれあいを行わない人も増えているといわれます（同調的ひきこもり）。これもひきこもりの一種と考えられます。

　ひきこもりは、人との交流が少ないために傷つくことがなく、ある意味では最も安全な時間の構造化ともいえます。複雑な人間関係やわずらわしいストロークの交換を回避できるのが特色です。

　アブラハム・マズローの心理学的調査によると、大人として成熟している人であればあるほど、孤独の時間を享受している傾向があります。成熟した人間であれば、毎日、一定の時間、自分と向き合って、沈思黙考する時間が欲しくなるものです。自分と対話をする（自己内対話）時間は、自分を見つめ、心穏やかにする貴重な時間といえます。そのために、むやみやたらにテレビをつけたり、パソコンを使うようなことをせず、静かな空間を創ることをまずはおすすめします。

　キャリアデザインを見つめる時間、明日の営業の作戦を立てる時間、向こう1週間の行動計画を立てる時間など、書斎にこもったり、オフィスの会議室で集中したりと、ひとりの空間は大切な時間となります。

儀礼（儀式）

　これは、日常のあいさつから結婚式や宗教的儀式に至るまで、習慣や伝統に従うことでかろうじてストロークを保持するものです。お互いの存在を認めながらも、特定の誰かととくに親しくする

ことなく、一定の時間を過ごすので、儀式的な時間の構造化です。

職場で交わされる「おはようございます」、「お疲れさま」などをはじめ、電話での「いつもお世話になっております」、「ごぶさたしております」、「よろしくお願いいたします」などのあいさつが代表的な儀礼です。

儀礼はひきこもりに似て閉鎖的な面がありますが、現実を無視する傾向が減って、外界の対象を求めてストロークを得ようとする点が異なります。しかし、その対象は、はっきりした個人というよりは、漠然とした大きな仲間集団です。ストロークの交換のために、まだ、適当な対象を把握しきっていない段階で、職場における入社式、表彰式、朝礼、定期会議などが典型的なものとなります。

時間の構造化が容易で、進行の具合も結果や結末も予想されるので、さほど面倒ではなく、人とのかかわり合いをもつことができるという利点があります。

儀礼はひきこもりに次いで、安全な時間の構造化の方法で、それを守っていきさえすれば、ストロークの現状維持ができます。また、あらかじめ決まっている結果に向かって、予定通りのコースをとるため、労力を大幅に節約することができます。あいさつなどの儀礼は対人関係において、一種の潤滑油の役割を果たすことにもなります。

しかし、この便利なストロークの維持法も固定してしまうと、強制的な行為になり、規則第一、ルール遵守など、身動きのとりにくい状況になりかねません。

雑談（社交）

雑談とは、本題に入る前の軽いジャブのような会話や、仕事の合間に同僚と交わす気晴らしの会話などです。

「今年の夏は暑いですね。ようやく朝夕は秋らしくなって、少し過ごしやすくなって……」

「依然、景気が悪いようですが、御社の見通しはいかがですか……」

「聞いてるか、あの噂の部長が本社の統括部長として来るらしいぜ」

などなど、直接的なコミュニケーションを中心とした形が見られます。喫煙ルームで上司の異動をうわさするなどして、時間を過ごすことです。このように比較的無難な話題をめぐって、とくに深入りせずに楽しいストロークの交換を行うのが雑談の特色です。

雑談は、自分の好きな話題を相手と交換できるとき、ストロークになります。スポーツ、車、音楽、ファッション、旅行などについて、話の合う相手が選ばれ、関心の異なる人は次第に脱落していきます。多くの若い男女たちは、この過程を経て、異性との交際への準備を整えます。

私たちの日常的な人間関係の潤滑油のようなもので、対人関係をスムーズにする働きがあります。私たちが人と会って話をする場合には、この雑談がもっとも多いのではないでしょうか。

しかし、親密に比べると、ずっと浅いストロークの交換にとどまります。雑談には感情を含んだやりとり（ストロークの交換）は多くありません。それぞれの場に応じた適応のための交流で、他人行儀な面があるからです。

すべてのことに実益が伴わねばならないと考える人にとって、雑談は非生産的な時間の過ごし方になりますが、人生の目的は、すべてをやり遂げることでなく、その一歩一歩のプロセスを楽しむことにあります。目標を達成して手に入れたものよりも、目標を達成しようとして、あなたに起きた変化の方が重要なのです。

ところが、多くの人は到達する過程を楽しんだり、ときには雑談などして"ふーっ"と気を抜くことを忘れてしまい、自分で自分を縛って、人生をつらいものにしているように思います。

人生は、"今ここ"の集積でもあるのです。幸せを先送りしないでください。

活動（仕事）

私たちの生きがいの多くは、仕事という活動を通じて得られます。職場では、マズローのいう集団をなすという社会的な欲求が満たされると同時に、無から有を生み出すという創造の喜びが得られます。

職場以外でも、通勤や着替えなどが活動に含まれます。たとえば、通勤をしながら読書でひきこもっている場合や、着替えをしながら雑談している場合などは異なる時間の構造化をしています。

活動の大部分はひとりで行うことが多く、そこにはストロークがさほど交わされませんが、"後工程はお客様""チームワーク"などのように、間接的に大いに他の人々と関係しています。また、素晴らしい出来栄えで、上司にほめられたり、お客様から感謝されると、そのプラスのストロークは、その後の働きがいになったりします。

このように、仕事、研究、勉強など、私たちは何らかの活動に励み、成果をあげるとき、賞賛や報酬（ストローク）が与えられます。また、周囲からストロークが得られなくても、自らが掲げた目的を達成するときには、大きな精神的満足感を味わうことができます。

私たちビジネスマンにとって仕事をすることは、給料をもらうという経済的メリットはもちろんですが、仕事を通じて他人とストロークを交わし合う絶好の機会でもあります。

ゲーム　　　　　　　　　　　　　　　　（詳細は第6章）

ゲームは、何らかの理由で信頼と愛情に裏づけられた肯定的ストロークの交換ができないために、否定的ストロークを交換するものでした。

私たちは、さまざまな人間関係で、雑談以上のふれあいを求めるとき、ゲームという時間の構造化を用いることが少なくありません。前記の4つの方法に比べて、ゲームではストロークの対象が、ほとんど特定の人物になることが特色です。

表面的には平行的やりとりが行われるので、時間を構造化しやすく、容易に行われます。

ゲームは、その結末の後味が悪く、人間関係を破壊したりする非生産的なものですが、私たちはなにもなすことなく時間を過ごすことができないので、ついついこの麻薬のようなゲームの魅力に惹きつけられてしまいます。

Transactional Analysis

　ゲームを演じる人には、幼いころの親子の交流に、どこかしっくりいかないところがあったために素直にストロークを得ることができなかった人が多いようです。こういう人は、甘えたくとも甘えられないので、歪んだ形で、それを手に入れるべく苦戦しているのです。しかし、ゲームによって、彼らのストロークが十分に満足されることはありません。早晩、不足感を味わうことになります。そこで、再びゲームが繰り返され、あっという間に、長い時間（ときには年月）が経過していきます。

　人によって、ゲームは一種の必要悪のような交流となっていることもあります。

　しかし、私たちの人生は有限であり、時間は無限にあるわけではありません。ですから、なるべくゲームによる非生産的な時間から解放され、もっと有効な時間の構造化を図ることが大切です。

親密（親交）

　第１章「ＴＡのねらい」でも述べましたが、親密とは、ふたりが互いに信頼し合い、相手に対して純粋な配慮を行う関係です。また、真実の感情を、恐れることなく分かち合える関係ともいえます。お互いに共感をもち、相手の存在や価値を認める間柄のことです。自分にとって相手は大切な人であり、その人の前では"演技"や"仮面"をせずに、安心して自分をさらけ出すことができます。

　職場であれば、仕事を通じて能力や人柄に敬意を互いに払える同僚と本音で話すひとときであったり、気のおけない上司や部下と地位を忘れて酒を飲みながら歓談し合ったりすることです。

　親密では、これまで述べた５つの方法に拘束されることなく、ストロークを自発的に、ストレートな形で交換することができます。自分の本当の姿をさらけ出して相手とかかわれるのです。

　カープマンは、親密を妨げてしまう人の特性として、恩着せがましい、無愛想、率直でない、責任のがれの４つをあげています。

　一方、親密は、私たちにとって最も危険度の高いかかわりにもなるのです。率直な感情の共有は、人を傷つけてしまったり、言葉を逆に受け取られて誤解を招いたり、非難されたりと、それまでの関係を失う恐怖をもたらします。すなわち、親密な関係では、人々は傷つきやすくなるのです。

　しかし、親密は決して、実現不可能な理想的なものではありません。無条件の肯定的ストロークを与える決意をなし、自分の感情、考え、行動を自分のものとして認めるとき、親密への実践の道が開けてくるものです。

　ひきこもり、儀礼、雑談、活動、ゲームの５つのレベルでとどまるかぎり、深いところでストロークを交換することはできません。本当に心の底から求める人との結びつきは、"親密"によってしか得られないのです。

　繰り返しになりますが、親密な関係は、互いに傷つけ合う危険性を含んでいます。しかし、それを乗り越えた、本当に心のふれあえる関係、濃厚なストロークのやりとりが行える間柄こそ、私たちが最高に幸せな状態といえます。

　筆者は、"居がい感"がとても大切だと考えています。ありのままの自分が受け容れられ、認め

られ、居心地のよい空間、まさに親密なかかわりが職場にあれば、居がい感が、生きがいや働きがいに発展すると思うのです。

　以上、6つの方法をそれぞれみていくと、一見同じような行動をしていても、本人が時間をどのような意図で使っているかによって時間の構造化はまちまちです。たとえば、ひとりでテレビを見ていても、それが仕事に役立つためのものか、ただ単にテレビを見ているかによって、「活動」にもなれば、「ひきこもり」にもなります。
　そして、それぞれの時間の構造化には自我状態やストロークの密度などが関係づけられます。ひきこもりから親密へ下がっていくほど、感情のリスクとストローク価値の報酬が伴います（図7-2）。

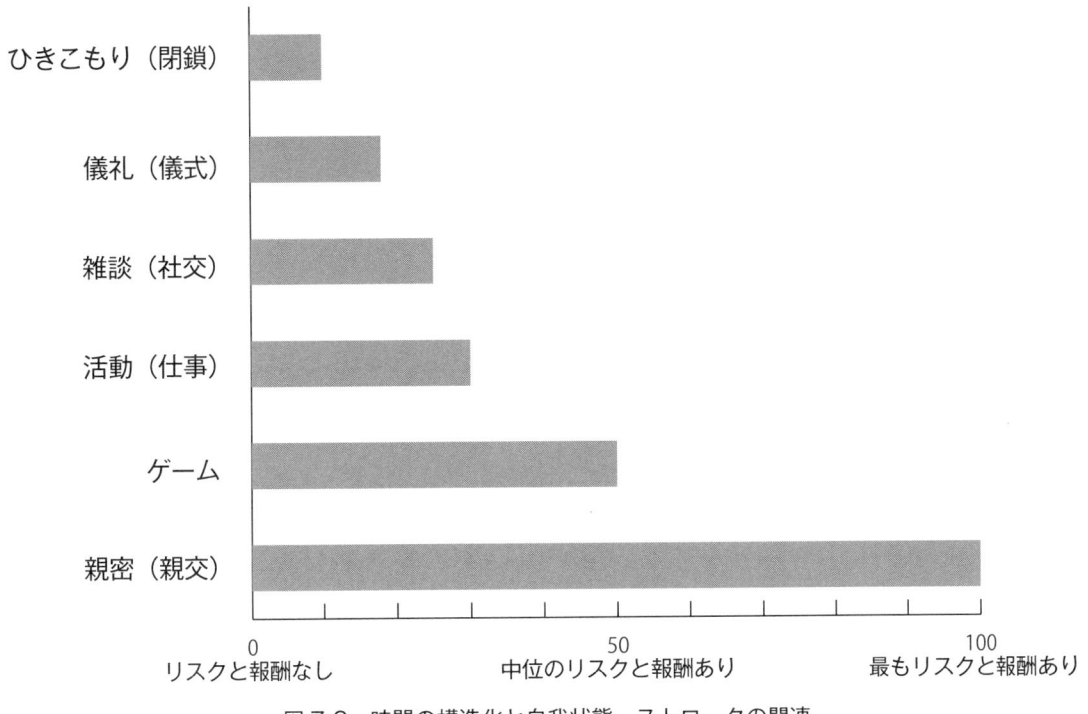

図 7-2　時間の構造化と自我状態、ストロークの関連

Transactional Analysis

ワーク 23

時間の構造化インタビュー

ねらい

①メンバーからのインタビューを通して、自分の時間の構造化の気づきを深めます。
②理想的な時間の構造化を形成するきっかけを導き合います。

進め方

①ワークシートに、各自「時間の構造」を満足度で表現します。
- 輪の中心を「0」、外輪を「10」として、それぞれの領域に対する今現在の満足度を10点満点で自己評価し、その点数に合わせて弧を描きます。そして、その弧をつなげて新しい輪の外枠を描きます。

②書き終えたら、少しの間、自分の円グラフを見つめます。
③ペアで、ワークシートをもとにお互いをインタビュー(コーチング)します。
- コーチングについて、時間を要して説明する必要はありません。コーチングという言葉を用いずに、「お互いにインタビューをし合います」と伝えた方が混乱を避けられる場合もあります。筆者は状況に応じて、言葉を選んでいます。事前に研修の打ち合わせなどでコーチングの受講経験がある参加者だとわかっている場合や、研修の過程でコーチングにふれたのであれば、コーチングという言葉を用います。そうでなければ、インタビューという言葉のみを用います。その場合、「雑談にならないよう、インタビューする方は、質問を駆使して、相手の考えを深めてあげてください」などとコメントを添えます。
- インタビューの際の質問の事例は、以下の通りです。括弧は状況に応じて実施します。
  - グラフを描いてみて、「時間の構造」からどのような自分に気づきましたか?
  - あなたは、自分の「時間の構造」にどれくらい満足していますか?
  - (・あなたのビジョンは何ですか?)
  - (・ビジョンが実現した地点から見て、このグラフがどう見えますか?)
  - 1つの点を変えるとしたら、どの「時間の構造」を変えたいですか?
  - 何点にしたいですか?
  - それが実現したら、あなたに何が手に入りますか?
  - まず、1点高めるとしたら、手始めに何に取り掛かりますか?(明日から何に取り組みますか?)

④役割を交代して、インタビュー(コーチング)を実施します。
⑤お互いにストロークを交換し、終了します。

ワークシート　時間の構造化インタビュー

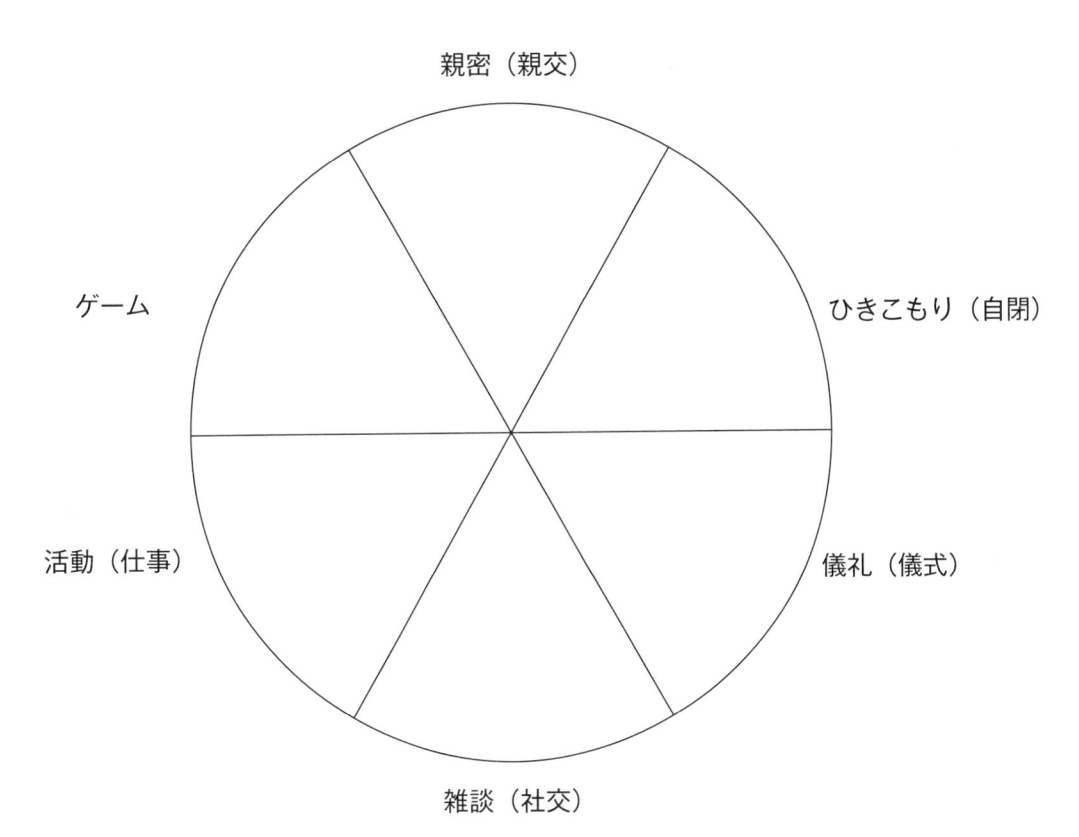

```
         親密（親交）

ゲーム              ひきこもり（自閉）


活動（仕事）         儀礼（儀式）

         雑談（社交）
```

〈使い方〉

　6つの領域は、「時間の構造化」の満足度をあらわしています。

　輪の中心を「0」、外輪を「10」として、それぞれの領域に対する今現在の満足度を10点満点で自己評価し、その点数に合わせて弧を描きます。そして、その弧をつなげて新しい輪の外枠を描きます（右例参照）。

　新たに描かれた輪が、あなたの現在の「時間の構造化」です。

　どのような自分に気づきましたか？

　あなたは、自分の「時間の構造化」にどれくらい満足しているでしょうか？

　どこをどのように変えたいですか？　そのためにすべきことは何でしょうか？　明日から何に取り組みますか？

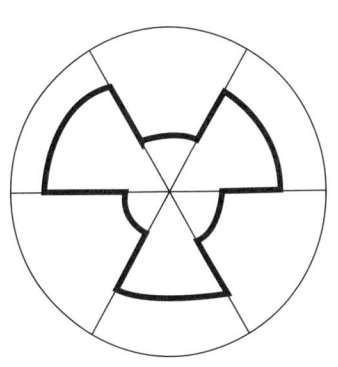

Transactional Analysis

ふり返り

①インタビュー（コーチング）を終えて、気づいたこと、学んだことを、お互いにシェアします。
②その後、グループでシェアし、その一例を全体でシェアします。
- 既に関係性が出来上がっている時間帯に行うワークで、このインタビューは、毎回、とても盛り上がります。

③以下を参考に、まとめをします。
- 筆者は、まとめとして、次のようなコメントをしています。

まとめ

時間はいかに大切なものであるか

あなたにとって時間とは何ですか？　と問われたら、あなたは何と答えるでしょうか。

「Time is Money」、「早起きは三文の徳」、「朝を制するものは一日を制する」など、時間に関する教えは、数えきれないほどあります。

生きることは、24時間という平等の時間をどう使うかということですから、筆者は「時間とは生命（Time is Life）」とか、少し大袈裟ですが、「Time is Everything」（時間がすべて）と捉えています。

お金は落としてもまた稼ぐことができますが、失った時間は二度と取り戻すことができません。しかし、私たちはお金を落としたとき、必死になって探そうとしますが、二度と取り戻せない大切な時間を平気で無駄にしているように思います。

私たちは確実に一歩一歩、命の尽きるときに近づいています。そのときがいつくるのか、何年先か何十年先か、あるいは明日なのか、それは誰にもわかりません。しかし、私たちは、往々にして、それは今日、明日のことではなく、当分先のことだと思っています。そして、あたかも命が永遠に続くかのように無為に時を過ごしたり、為すべきことの先送りを繰り返します。

命に限りがあることにしっかりと目を向ければ、これまでずっと先送りしてきたことにも、一日一生の思いで真摯に臨めるようになり、日々のさまざまな人との語らいや交流が、よりいとおしく、大切なものに思えてきます。

キャリアデザインやライフデザイン（人生設計）の重要さと、親密な信頼関係づくりの大切さ

時間を有効に使うには、キャリアビジョンなど、どうありたいかという将来を描くことではないでしょうか。ビジョンが定まると、そのために時間をどのように有効活用しようかと集中力が研ぎ澄まされます。

あなたは3年後、5年後のビジョンを描いていますか？

スピードの時代、激変する企業環境に適応するには、私たち一人ひとりも変化（パラダイム・チェ

ンジ）に適応するしかありません。ダーウィンは進化論の中で、「この世の中で大きいものや賢いものが生き残るのではなく、唯一、柔軟なものが生き残る」といいました。

「自分経営の時代」は、他の誰かに依存し過ぎず、自分の力を信じ磨き続け、活かし続けていく時代です。社員自らが学習し、自分のキャリアを考え、自分で責任を負うという「自律的な社員」が求められています。目立たず、ミスをせず、多くを望まなければ、確実に給料を維持できた時代

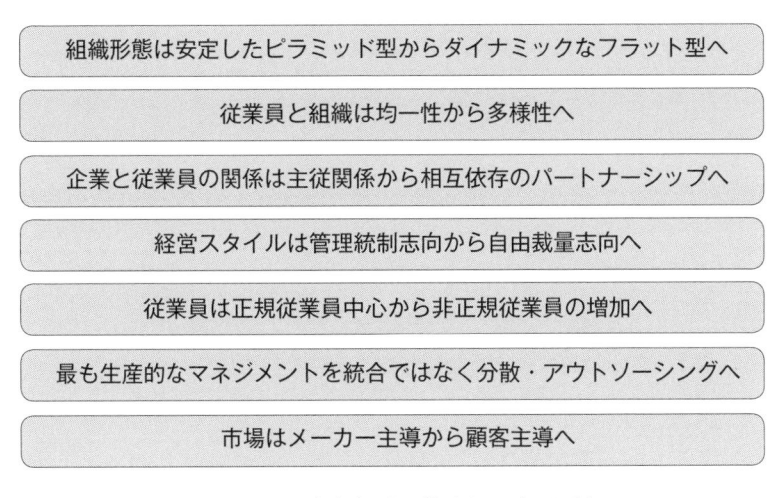

- 組織形態は安定したピラミッド型からダイナミックなフラット型へ
- 従業員と組織は均一性から多様性へ
- 企業と従業員の関係は主従関係から相互依存のパートナーシップへ
- 経営スタイルは管理統制志向から自由裁量志向へ
- 従業員は正規従業員中心から非正規従業員の増加へ
- 最も生産的なマネジメントを統合ではなく分散・アウトソーシングへ
- 市場はメーカー主導から顧客主導へ

図7-3　大きなパラダイム・チェンジ

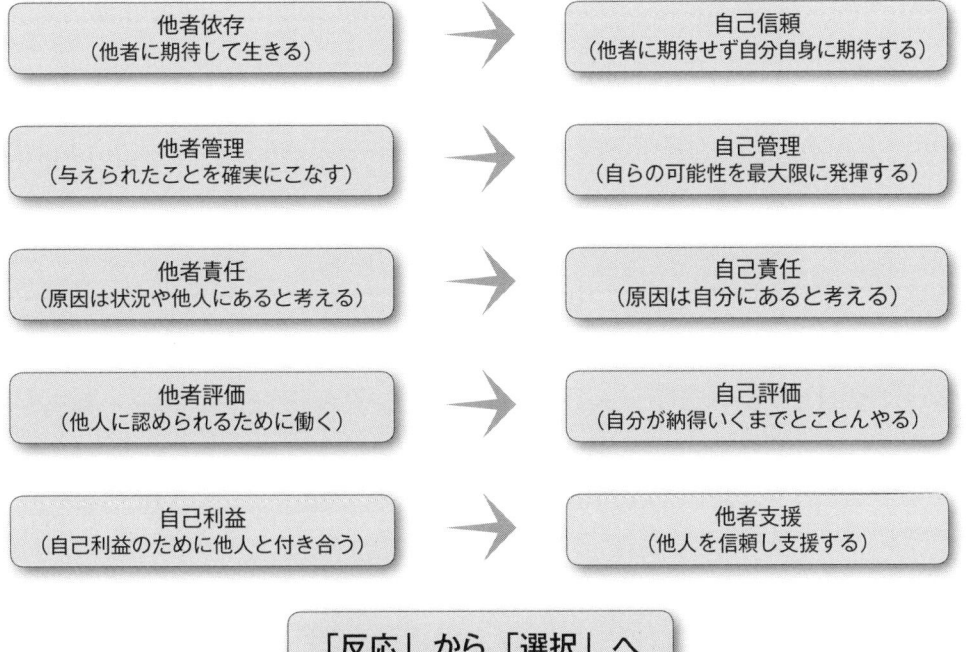

他者依存 （他者に期待して生きる）	→	自己信頼 （他者に期待せず自分自身に期待する）
他者管理 （与えられたことを確実にこなす）	→	自己管理 （自らの可能性を最大限に発揮する）
他者責任 （原因は状況や他人にあると考える）	→	自己責任 （原因は自分にあると考える）
他者評価 （他人に認められるために働く）	→	自己評価 （自分が納得いくまでとことんやる）
自己利益 （自己利益のために他人と付き合う）	→	他者支援 （他人を信頼し支援する）

「反応」から「選択」へ

図7-4　他者依存からキャリア自律へ

(依存し、何かに頼って生きること)は、自らの生命力を弱め、人生全体で考えたときリスクを増大させます。

「自分経営の時代」は、「生き方の多様性」に目を向けること、自分の価値観に従って生きること、変化を恐れず、歓迎することです。あなたが、あなた自身の意志で自分の生き方を変えていかねばならない時代です。「環境変化に追われ仕方なく」ではなく、「環境変化を先取りし、自らの意志で」変わっていくことが求められています。

筆者は年間、100日ほど、キャリアデザインの研修を担当しています。その冒頭で、キャリアを充実(成功)するために、どのような要素が必要かを受講者に問いかけます。

縦軸に能力を、そして、横軸に○○を、その兼ね合いがキャリアの成功であり、充実だとすると、○○は何だと思いますか。

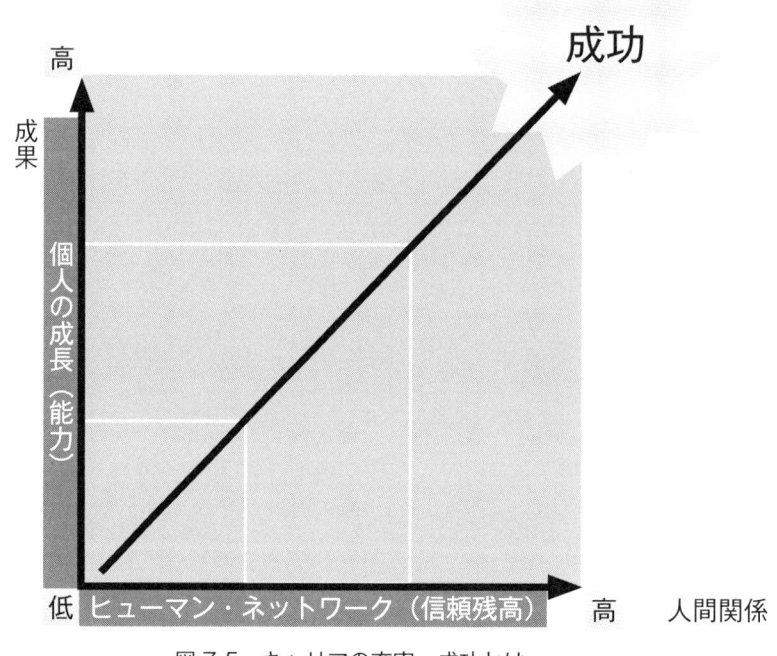

図7-5　キャリアの充実・成功とは

筆者は図7-5の通り、ヒューマン・ネットワークであり、サポーターだと考えています。

クルンボルツは、「私の成功のうち、努力が占める要因は、わずか2割。残りの8割は、いい方々との出会いによるところが大きい」、「あのとき、たまたまあの人とのご縁があったから、この仕事が成功したんだよなぁ。あれが僕の人生の分かれ目だった」といっています。そして、真の成功者の多くが、こうした「人生に幸福をもたらしてくれる出会い」に心を開いて、自ら積極的に求めていたと述べています。

特に50歳を越えた受講者の場合は、退職後を想定した人間関係づくりのMAPを作成してもらっています。

ワーク24

Time is Life　時は命なり

ねらい

①時間構成のパターンに気づき、望ましい構造化の方向を探ります。

進め方

①ワークシートを配布し、問4まで、記入してもらいます。
②問4まで記入したら、ペアでシェアします。お互いに質問をしながら、自分との「時間の構造化」との違いを明確にします。
　●•私たちは、他者と比べることによって、その違いから自分に気づくことができるからです。
③問5と問6を記入します。
④問5、問6をペアでシェアします。
　●•どのようなことから、問5の回答を理想としているのか、お互いに会話を通して、気づき合います。

Transactional Analysis

> **ワークシート**　Time is Life　時は命なり

　"Time is money——時は金なり"ということわざがあるように、時間をどう使うかは、私たちの人生の質を左右します。さらに私たちは、生まれた瞬間から、死へと一歩一歩近づいているともいえます。

　時間をどのように活かすかというテーマは、生き方の質、人生の質を高めます。

　ここでは、あなたの時間構成のパターンに気づき、望ましい構造化の方向を探ることを目的としています。

1．あなたの時間の構造化の特色を考えてください。
　　例）時間を浪費する／時間に追われる／無計画に時間を用いる……など

_____

_____

2．先週の1週間をふり返って、平均的な一日（24時間）の時間構成を記入してください。

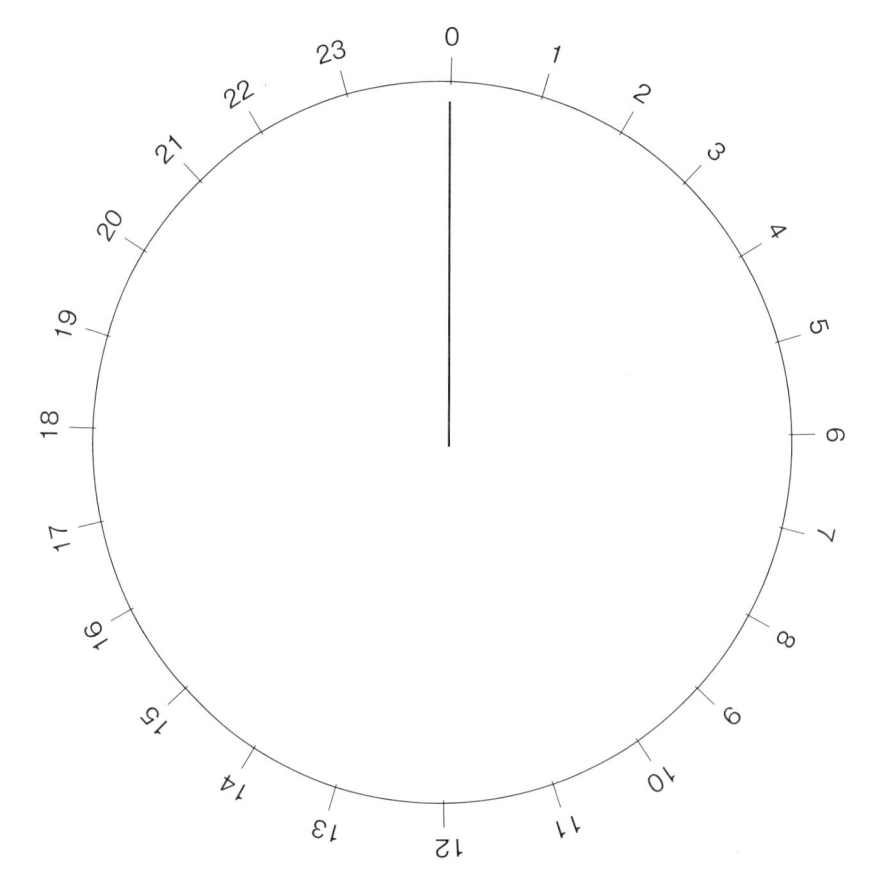

3．「2」で作ったグラフをもとに、あなたはそれぞれどの程度の割合で1日の時間を構造化しているか、全体を100として記入してください。

　　　ひきこもり（閉鎖）＿＿＿＿＿＿

　　　儀礼（儀式）　　＿＿＿＿＿＿

　　　活動（仕事）　　＿＿＿＿＿＿

　　　雑談（社交）　　＿＿＿＿＿＿

　　　ゲーム　　　　　＿＿＿＿＿＿

　　　親密（親交）　　＿＿＿＿＿＿

4．上記「3」の数字を棒グラフで描いてください。

ひきこもり（閉鎖）
〔　　　〕

儀礼（儀式）
〔　　　〕

活動（仕事）
〔　　　〕

雑談（社交）
〔　　　〕

ゲーム
〔　　　〕

親密（親交）
〔　　　〕

　　　　0　　　　　　　　　50　　　　　　　　　100

Transactional Analysis

5．あなたが理想とする時間の構造を棒グラフで描いてください。

ひきこもり（閉鎖）
〔　　　〕

儀礼（儀式）
〔　　　〕

活動（仕事）
〔　　　〕

雑談（社交）
〔　　　〕

ゲーム
〔　　　〕

親密（親交）
〔　　　〕

　　　　　0　　　　　　　　　50　　　　　　　　　100

6．あなたは、自分の時間の構造化に満足していますか。自分の時間の構造について、改善したい点があれば、そのための課題を具体的に記述してください。

_____

_____

_____

_____

_____

ふり返り

①グループで気軽にシェアします。
- グループの中で、親密な時間がかなり多いメンバーがいたら、日ごろ、どのような工夫や行動をとることによって、獲得しているかなど、良い点、参考となる点をモデル化するようにファシリテーターが奨励します。

第8章 TAを活かした研修のプログラム事例

　TAは、汎用性が高いため、多くの能力開発プログラムに応用することが可能です。主な領域と期待される成果は次のようなものです。

- リーダーシップ発揮のための自己理解
- 適切な部下指導育成のための人間理解
- 生産的コミュニケーション
- モラールとモチベーション
- 効果的問題解決／意思決定
- 職場の活性化と健全な環境づくり
- 健在なマネジメント・サイクル
- 従業員満足と顧客満足（ホスピタリティ）
- 自己啓発と個人の成長

　筆者が主宰するライフデザイン研究所では、テーマに応じてTAにおける2つの基本的前提と4つの分析をアレンジした研修を行っています。
　以下にプログラムの一例をご紹介します。

1 ▶ メンタルヘルス研修

　メンタルヘルスにおけるセルフケアの研修では、自我状態分析や、やりとり分析、ゲーム分析を活用し、ラインによるケアでは、ミニ・スクリプト（本書ではふれていない人生脚本の概念）やストロークを応用しています。

第8章　ＴＡを活かした研修のプログラム事例

ストレスマネジメント・セミナー

― ストレスに対する自己コントロール能力を高める ―

ストレスマネジメント・セミナー

メンタルヘルス

対象者：すべてのビジネスパーソン　　期間：1日間

ねらい

ストレスマネジメントとは、ストレスに対する自己コントロールを効果的に行えるようになることを目的とした教育的な働きかけであり、日常生活の中で主体的にストレスに対処できるようになることを目指します。

ストレスマネジメントの4段階

- Step1：ストレスの概念を知る
- Step2：自分のストレス反応に気づく
- Step3：ストレス対処法を習得する
- Step4：ストレス対処法を活用する

心理的ストレス過程

① ストレッサー：ストレスのもととなる刺激
② 認知的評価：刺激に対する受けとめ方
③ コーピング：ストレスに対する対処や工夫
④ ストレス反応：ストレスによって心や身体に現れた変化

9:00〜17:00

1. ストレスの概念を知る
   - ストレスとは
   - ストレスとストレッサーの関係
   - ストレッサーの分類
   - ストレッサーが加わったときの行動
   - ストレスは人生のスパイス
     「良いストレス」と「悪いストレス」
     過少ストレスと過剰ストレス
   - ストレスのあらわれ方
   - ストレスとからだの関係
   - ストレス関連疾患
   - 急増する過労死・突然死

2. 自分のストレス反応に気づく
   - [気づき]ストレスとなるシグナルを知ろう
   - [気づき]ストレス・チェックリスト
   - ライフイベントとストレス
   - [気づき]ライフイベント(人生の出来事)
   - パーソナリティとストレス
   - [気づき]タイプA行動パターンチェック
   - 認知的評価
   - [気づき]受けとめ方の癖に気づく
   - 認知の歪み10リスト
   - こころの柔軟体操

3. ストレス対処法を習得する
   - 5つのドライバー
     ドライバーチェックリスト
     ドライバー／ストッパーとアロウアー(許可)
   - 漸進的リラクセーション
   - タイムマネジメント
     活動の優先順位づけ
     先延ばしすることの損得勘定
   - ストレス銀行「ストレスの収支バランス」
   - 素直な自分表現[アサーティブ]
     アサーティブのポイント
     アサーティブな自分づくり
     必要な時には『NO』ということを学ぼう
     自己表現の3つのタイプ
     アサーティブ・コミュニケーション
     DESC話法
     セルフ・アサーティブ
   - 微笑みの効用
   - 必要なこころの緩衝材
     手段的サポートネットワーク
     情緒的サポートネットワーク
   - 怒りのセルフコントロール
   - キャリアデザイン「生きがい」の創造

4. セルフケアへの習慣づくり

対人ストレスコーピング

― 対人関係におけるストレスを予防＆軽減する ―

対人ストレスコーピング（対処法）

メンタルヘルス

対象者：すべてのビジネスパーソン　　期間：1日間〜2日間

ねらい

現代はストレス社会といわれていますが、ストレスの中でも、人間関係に関するストレスは、多くのビジネスパーソンが経験したことのある最も一般的なものです。
人間関係に関連するストレスは対人ストレスといわれ、上司や部下、友人やご近所などとのトラブルだけでなく、配偶者を失ったり、離婚や失恋を経験したり、ハラスメントを受けたり、その内容は多岐にわたっています。このような対人ストレスを避けて生活することはできません。
そこで、このような対人ストレスに遭遇しつつも、精神的に健康な生活を維持するために重要なキーワードとなるのが、ストレス解消法（コーピング）です。

9:00〜17:00

1. ストレスに関する基本的な考え方
   - ストレッサーとストレス反応
   - ストレス反応の個人差
   - ストレス発生過程における
     コーピングの役割

2. 対人ストレスとは
   - ライフイベントしての対人ストレッサー
   - 日常苛立ち事としての
     対人ストレッサー
   - 対人ストレッサーの性質

3. 対人ストレスコーピングと
   精神的健康
   - コーピングと精神的健康
   - 社会的（ソーシャル）スキル

4. 対人ストレスコーピングと
   人間関係の改善
   - 問題の解決
   - 当事者の満足
   - 自己制御および感情制御

5. 対人ストレス過程に
   影響を及ぼす要因
   - 対人ストレッサー
   - 認知的評価

6. 職場での人間関係
   - 職場での人間関係に対する
     コーピング
   - セクハラ＆パワハラ

7. エゴグラムによる自己理解
   - エゴグラムによる自己理解
   - PACとやりとり分析
   - 自己変革とアクションプラン

8. 風通しの良い職場づくり
   - プラスのストローク"心の栄養素"
     と職場の活性化
   - ストローク欠乏と問題
   - 職場に活かすストローク
   - セルフ・ストローク
   - ＜ストローク実習＞
   - 自己宣言と承認

Transactional Analysis

2 ▶ キャリアデザイン研修

キャリアデザイン研修やライフデザイン（人生設計）研修において、ＴＡを取り入れることが多くあります。

過去には未来へのヒントが多く眠っているため、キャリアデザインやライフデザインの研修では、これまでの生き方を見つめる１つのアプローチとして、自我状態分析や時間の構造化などを取り入れます。また、筆者は、キャリアを充実させる鍵は、ヒューマン・ネットワーク（人づくり、サポーターづくり）だと考えています。その観点から、やりとり分析やストロークを応用できます。

プログラム事例は紹介していませんが、リーダーシップ研修ではかなり応用ができます。リーダーシップの発揮は、一面、その人の生き方のあらわれでもあり、その生き方を見つめることは、リーダーシップを見つめる基盤になると考えています。

キャリアデザイン ワークショップ

― 自己選択、自己決定、自己責任を原則とし、自らを自律的な存在として活かしきる ―

キャリアデザイン ワークショップ　　　　　キャリアデザイン

対象者：25歳～40歳の節目　　　　期間：2日間

企画意図

自分の人生に起こる出来事は、自分自身に責任があります。どの道を選ぶか、その選択権は自分の中にあります。私たちは、自分の人生を価値あるものに仕上げていく責任と自由があります。
自らの存在を自律的に活かしきる…そんなセルフエスティームを取り戻して（再確認して）いただければと思います。

ねらい

私たちは、「自分のイメージ」「自分の物語」を自分だけで作り上げることはできません。他者への語りかけ、他者のまなざし、他者の言葉を通して「自分の物語」を創り、編み直すことができます。そのため、本研修ではワークショップ形式をとります。
・自ら主体的にキャリアを切り拓くことの重要性を知る
・自分の能力や仕事の価値観についての理解を深める
・組織におけるプロ人材としての存在意義を確立する
・今後の能力開発課題を明確にする

1日目　9:00～17:00

1. キャリアをデザインする…とは
・キャリアとは（キャリア・デザインとは）
・成功するキャリアデザイン
・キャリアの障害
・タイムマネジメント"優先順位づけ"

2. スキルフィールド「自己のスキルやセールスポイント（強み）を整理します」
これまでのビジネスを振り返り、自己のスキルを再確認するとともに、マトリクスに置き換えて、それぞれのスキル、強みが、今後どれほど役立つ可能性があるかを内省する。
・成功体験のふりかえり"やる気グラフ"
・過去の成果と役割⇒スキルの抽出

3. キャリア・アンカー　　SEEDSの発見
「自分の本当の価値を発見しよう！」
キャリア・アンカーとは、どうしても犠牲にしたくない、また自分の本当の自己を象徴する、コンピタンス（有能さや成果を生み出す能力）や動機、価値観について、自分が認識していることが複合的に組み合わさったものをいいます。
・キャリア指向自己チェック
・キャリア・アンカーの自己決定と
　　　　　　　　　　実践への応用

2日目　9:00～17:00

4. エゴグラムによる対人関係への気づきとヒューマンネットワーク
キャリアを実現する上で、ネットワークの形成は欠かすことはできません。
◇効果的な対人関係形成のための基礎
◇生産的な時間

　　　　　　　　　　NEEDSの自覚
5. 環境変化と役割の明確化
「高い視野でキャリアを築こう！」
・周囲からの自己への期待
　（会社、上司、部下、お客様など）
・将来の環境予測とその対策

　　　　　　　　　　WANTSの創造
6. キャリアデザインの創造
「3～5年後のビジョンをデザインしよう！」
・わたしの追求する方向性
・アクションプラン（WHAT-HOW-DO-CHECK）
・学び続ける場の創造

・まとめ「キャリアの重要性の再確認」

キャリアデザインセミナー

― 幅広く探索した探索期から収束し始める ―
キャリアデザインセミナー　　　　　　　　キャリアデザイン

対象者：35歳・40歳の節目	期間：2日間

ねらい
- 相互交流をしながら、中核人材として果たすべき役割（キャリアの棚卸）とさらなる行動の変容（キャリアの創造）を図ります
- 自分の強みを理解し、今後5年間のキャリア開発プランを設計します。
- 自己を取り巻く周囲からのフィードバックを参考に、セルフリーダーシップ力を高め合いながら、自ら主体的にキャリアを切り拓くことの重要性を高めます。

期待効果
①激変する環境下にあって、流されるままに仕事人生を送ることは、取り残されることを意味し、自分の仕事人生は自分で選択（デザイン）し、自己の責任のもとで実現することの重要性を再認識する。
②仕事人生の上で、充実感を感じるのは、なりたい自分をはっきりと意識でき、それに向かって行動できている時であることを実感するとともに、部下の成長や自己実現への援助へ向けて方向づけられる。（註：モチベーションとは、「やりたい」「好き」という感情や「自分の価値を高めたい」という上昇志向）
③人材価値の向上こそ永続的な競争優位の源泉であるという企業文化が芽生え始める。

1日目　9:00〜17:00

1. 自己概念（自分とは何者か…）を掘り下げる（自己紹介を通じて）
 - 自己一致とは
 - 自画像の整理（自己概念）
 　ーキャリアの探求ー
 自分が何者であり、何処に属し、何ができ、まだできないか、何に価値をおいているか、何を信じているか…といった自己についての概念（自画像）は、リーダー行動に影響を与える。
 「キャリアとは、人生における役割をいくつか選んで組み合わせることで自己概念を実現しようとする試みである」（ドナルド・E・スーパー）
 ＜有効なフィードバックとは＞
 (1) 真に相手に役立つこと
 (2) 記述的・具体的であること
 (3) 否定的＆肯定的の両方を
 (4) タイミングTPO
 (5) 可変性があること
2. キャリア・アンカー
 "自分の価値・意味の探求"
 キャリア・アンカーとは、『自分が本当に大切にしていること、拠りどころ』であり、私が私らしくあるための『譲れない価値観』

2日目　9:00〜17:00

4. エゴグラムによる対人関係への気づきとヒューマンネットワーク
 カウンセリング理論の1つであるTAは人間行動を知る上でもっとも分かりやすい体系化された理論です。TAを通して、自己のパーソナリティー、コミュニケーションの傾向に気づいていただきます。
 ◇効果的な対人関係形成のための基礎（PAC）
 ◇やりとり分析とコミュニケーション
4. キャリア・デザイン
 ワーク・ファミリー・コンフリクトなども組み入れながら、広い役割を認識しつつ、組織の中の方向性を構築します。
 ◇ソーシャル・ネットワークモデル
 ◇自分とさまざまな役割を見つめ直す
 ◇役割を広げたキャリア・ビジョンの設計
 ◇ネットワークの構築

3 ▶ その他TAを活かした研修

　部下の指導育成スキルやコーチング、職場の活性化など、広い意味でのコミュニケーション・スキルの分野では、応用範囲が広く、たいへん重宝します。

　ほめ方・叱り方を学ぶ際は、ストロークとディスカウントの概念が活用できます。また、組織の活性化などでは、ストロークが鍵となります。研修にとどまることなく、筆者は組織活性化のコンサルティングなどにもストロークの概念を応用しています。

　下記に紹介する「職場活性化ワークショップ」は、大手企業のある営業所を対象に行った部署単位の研修です。日ごろ、顔を見合わせていながらもかかわりの深度が浅く、多くの離職者が出ていました。そこで、週末に海辺の保養施設を貸切り、一泊二日で行ったものです。体験学習が中心で、ロープやフラフープ、音楽や模型などを用いながら、体験的に学習するプログラムです。

　研修開始時は、モチベーションが低く、どうなることやら不安でしたが、研修が終了したときには、全員の表情がビックリするほど晴れやかに変わり、アンケート結果は、平均4.9点（5点満点）でした。アンケートに記載された感想を読みながら、人事担当者は、「こんなことを書いてくれるやつらではなかったのに、それが2日間でこんなことを書くようになるとは……」と、感動の涙を浮かべながら言い、人事担当者の熱い想いが伝わってきました。このような想いのある人事担当者

Transactional Analysis

のおかげで、企画側の担当者と講師とが感動を共有し、帰りの新幹線の駅でビールを飲みながら乾杯したシーンを今も筆者の成功体験として思い浮かべます。

研修はリラックスした服装で参加してもらい、懇親会ではアルコールを用意するなど、本音で語り合える、真剣に学び合えるための環境づくりも人事担当者とアイデアを出しながら、一緒に創り込みました。

研修終了後、追跡調査などを実施しましたが、驚くほど雰囲気が変わり、"ほうれんそう"をはじめ、コミュニケーションの量が増え、その結果、コミュニケーションの質が高まっています。離職者も激減し、生産性も驚くほど高まり、他の部署から、「噂を聞いたけれど、うちの部署も同じ研修を実施して欲しい」と、人事担当者に多くの希望が寄せられ、嬉しい悲鳴をあげています。

風通しが悪く、メンタル不調者や離職者が多い職場、トラブルやクレームなどが多い職場には、絶好の研修だと確信しています。もちろん、風通しをより良くしたいという目的の組織にも最適です。中小企業でも、多く実施しています。

ほめ方・叱り方講座

― 部下をやる気にさせる効果的なストローク ―

『ほめ方・叱り方講座』

モチベーション／マネジメント

対象者：すべてのビジネスパーソン　　期間：1日間～2日間

ねらい

管理職・監督職にとって、効果的なストローク（「ほめ方」「叱り方」）のスキルは部下の指導育成には必要不可欠です。「ほめる」ことは、個人のやる気を引き出し、職場のコミュニケーションを活性化し、雰囲気を明るくする効果があります。

その反面、「叱る」こともとても重要です。自動車にアクセルとブレーキが必要であるように、「ほめる」というアクセルと「叱る」というブレーキが部下の指導育成、職場の活性化に欠かすことができません。

本講座では、職場でよく見られる状況設定でのロールプレイなども交えながら、具体的なほめ方・叱り方の技術を習得していただきます。

1日目　9:00～12:00

1. ストローク"心の栄養素"と
　「ほめ活かし、ほめ育て」
・ほめるポイントと叱るポイント
＜演習＞量から質へのストローク
「エンマ帳」から「えびす帳」へ
＜演習＞ブラインドウォーク

2. 部下をほめることの重要性
＜演習＞ストローク・シャワー
＜演習＞ヒーローインタビュー
・ダイヤモンドはダイヤモンドで磨く

3. ほめ言葉を増やす方法
・クリエイティブ・シンキングを活用して選択肢を増やす技術
＜実習＞プラスリストの作成と
　　　　　　　　　　グループシェア
・コミュニケーションの量を増やす
＜演習＞OKメッセージ（リフレクティング）
・プラスのストロークの仕掛けづくり

13:00～17:00

4. 効果的な叱り方のポイント
・ダメ出しではなく
　「然るべきビジョン」をどう伝えるか
・感情的反応と理性的対応
・叱り方のステップ
　諭す⇒注意する⇒忠告する⇒叱る

5. 部下を叱れない理由
＜グループ演習＞阻害要因を特定することで対応方法がわかる

6. 上司のセルフコントロール法
・ストレス対処法
・呼吸法の応用
・セルフストロークの習慣

7. ロールプレイ
・部下指導の現場で使える効果的なほめ方、叱り方のヒントを体感いただきます。
例）同じミスを繰り返す部下
例）やる気の低い部下
例）プライドの高い年上の部下

第8章　ＴＡを活かした研修のプログラム事例

職場活性化ワークショップ

― ひとり輝く　みな輝く　なにもかも輝く ―
職場活性化ワークショップ

モチベーション／マネジメント

対象者：すべてのビジネスパーソン　　　期間：2日間

ねらい

個人の行動は、他者から押しつけられるのではなく、ひとりひとりが発見する行動意欲＝モチベーションに促されてこそ、潜在的な能力を発揮し、組織の成果をもたらします。
本セミナーでは、モチベーションのメカニズムやコミュニケーションスキルを理解し、組織を活性化するヒントを、体験ゲームやコンセンサスなどの体感型学習を通して習得し合います。

1日目　10:00～17:00

1. 相互交流
【コンセンサス実習】
・組織の3要素
・ファシリテーションとは
・何に決まったかよりも、どう決まったか

2. 対人関係の傾向に気づく
― 円滑なコミュニケーション ―
カウンセリング理論の1つであるTAは人間行動を知る上でもっとも分かりやすい体系化された理論です。TAを通して、自己のコミュニケーションの傾向に気づく。
・効果的な対人関係形成のための基礎
・自分を知り、他人を知る
・自己変革目標の設定と具体的行動計画
・PACと対人反応

2日目　9:00～16:00

3. 体験学習
〔行動からの気づき〕
・モチベーションライン
・モチベーションが高いとき、低いとき
・ふりかえりと相互フィードバック
・リーダーの役割とフォロワーの役割

4. 目的と目標の違い
・目的レベルと目標レベルの違い
・目的意識と仕事への成果
・よい情報収集に大切なことは、夢や目標から逆算した目的意識

5. ストロークと職場の活性化
私たちは、ストローク"こころの栄養素"を得るために生きていると言われています。ストロークは最小投資で最大の効果が得られるものです。
・褒め方と叱り方
・実習
　"効果的な褒め方"（やる気を引き出す）

ＴＡによる個人と組織の活性化セミナー

― イキイキとした個人と組織をつくる ―
ＴＡによる個人と組織の活性化セミナー

コミュニケーション

対象者：すべてのビジネスパーソン　　　期間：2日間

ねらい

コミュニケーションは自己対話から
「自分が変われば他人も変わる！過去と他人は変えられない。変えられるのは"今ここ"の自分から」
・自分が人生の源であることに気づいている
・うまくいかないときに他人や環境のせいにしない
・他人を変えようとしたり操作をしない
・自分の思考感情行動に責任をとる
・過去に後悔したり、未来に不安を抱かず"今、ここ"を精一杯に生きる
・代償を求めずに生きる
自律的な人間は、自分の人生は二度とないことを知り、一瞬一瞬を大切に生産的に生き、一所懸命に生きることの喜びを感じ、I'm OK & You're OKという健康でイキイキとした自分づくりの基盤を築くこととなります。

自己理解 → 自己信頼 → 他者信頼 → 相互信頼 → 相互協力

Transactional Analysis（交流分析）とは、アメリカの精神科医（E. バーン）が提唱した心理療法です。
自分への気づきを深めることにより、心身の自己コントロールを可能にすること自律性を高めることで、自分の考え方、感じ方、さらには行動に責任を持つまでに成長すること、こじれる人間関係に陥らず、互いに親密な心のふれあいを経験できるようになることを目的としています。

1日目　9:00～17:00

1. 自分を知り、他者を知る
― 自我状態分析 ―
・自己概念と成長
・性格分析とPAC
・自己分析
・自己への気づき―自己変革(1)

2. 人とのかかわり
― ストローク ―
・生きがいを感じるとき
・生きるための心の栄養源
・ストロークの体験、ストロークの応用
・人とのかかわり
・自己への気づき―自己変革(2)

宿題：自己の生き方に気づく
「自己への賛辞」

2日目　9:00～17:00

3. 基本的な人生の態度
― ライフポジション ―
・生き方の4つのパターン
・自己への気づき―自己変革(3)

4. 生き方と人生目標
― 人生脚本分析 ―
・人生の脚本とは（ミニスクリプト）
・人が生き方を決めるまで
・新しい生き方の手がかり

5. 新しい自己への出発
・セミナーで気づいたこと
・自己への気づき―自己変革(4)
・新しい職場づくり
・自己革新計画書の作成
・相互啓発（発表）

197

Transactional Analysis

■ TA講師（ファシリテーター）養成講座

「TA講師（ファシリテーター）養成講座」は、大手金融機関が合併をした際に、互いの企業文化（組織風土）を乗り越え、相乗効果を発揮するために全マネジャー対象に行いました。新しく立ち上げられた人材開発の講師陣と関連会社（研修会社）の研修講師が担い、社内に一挙にTAを共通言語として浸透することで、好ましい組織風土を築く土台にしようと企画されました。

社内でTAの講師を務める人材を育成するために用いたのが下記の3泊4日のプログラムです。今もそのときの受講者の方々と会う機会がたびたびあり、とても思い出深い研修です。通常は1週間ほどの時間を用いてトレーニングを実施していますが、下記のプログラムは2日間用にアレンジしています。

― "気づき"から"築き"へ ―

TA講師（ファシリテーター）養成講座　　コミュニケーション

対象者：TA学習経験者　　　　期間：2日～4日間

ねらい

"やり方"ではなく"在り方"

多くのインストラクター養成講座は、プレゼンテーションのテクニックを教示するハウツー式の研修が一般的のようです。
本講座は、ハウツー（やり方）だけではなく、講師としての"在り方"にもウエートを置いた内容として組み立てられています。
時間的な制約があるため、ハウツー的な内容は、研修では多くを取り扱わず、膨大な資料として提供します。
講座では、実際にファシリテーションを行い、周囲からのフィードバックを繰り返し得ることで、自身の"やり方"や"在り方"に気づき、磨きをかけます。

1日目　9:00～17:00

1. ファシリテーターとしての在り方
「学びとは」「講師とは」
・双環学習（ダブル・ループ・ラーニング）
・ダイアログの基本
・体験学習と学習サイクル
・学習サイクルからの3つの示唆
・ピグマリオン・マネジメント
・単純接触の法則
・「学ぶ」とは
・トレーニング形式と対話形式
・学習サイクルを促進する6つの働きかけ

2. 相互学習について
・自己開示とフィードバック
・体験や情報のふりかえりと共有

3. 相互学習 ロールプレイング（1）
・Transactional Analysisとは
・自我状態分析
・やりとり分析

2日目　9:00～17:00

4. 相互学習 ロールプレイング（2）
・ストロークとディスカウント
・基本的人生態度
・ゲーム分析
・スタンプとは／ラケットとは
・人生脚本分析（ミニスクリプト）

5. "気づき"から"築き"へ
　　―職場への適応―
・セミナーで気づいたこと
・自己への気づき
・自己革新計画書の作成

6. よりよい講師になるために
・研修の効果を考える5つのレベル
・研修運営の影響力
・知識と行動の間の溝を埋める方法
・研修を活かすための工夫
・効果的な"気づき"をもたらす研修
・感性を高める10カ条

■ CSホスピタリティ・マインド・セミナー

CSやホスピタリティでも、とても活用しやすいのがTAです。CSでは、アサーティブやリスニング（積極的傾聴）、認知療法などの心理療法が重宝しますが、ES（従業員満足）では、ストロークを中心にTAの各要素が効果を発揮してくれます。

下記は、ある製造業（上場会社）の受付スタッフを対象に実施した研修内容です。弊所のマナー講師と筆者で担当したケースです。

これまでその会社では受付スタッフを外部のマナー研修に派遣していましたが、事業所ごとのレ

ベルに差が生じ、お客様や経営層からクレームが多くなりはじめました。そこで、受付スタッフ全員を週末本社に集め、研修を実施することにしました。

研修プログラムを作成する前に、ＣＳ調査やアンケートを実施した結果、スキルよりもマインドを中心に構成すべきだという共通認識のもと構成された内容です。

この研修は、ホスピタリティについての知識を得ることが主な目的ではありません。「わかる」、「理解する」（知識教育）から、「できる」、「やれる」（技能習得）、「変わる」、「改める」（態度形成）へと、職場生活を通して豊かな人間関係を図りながら、ホスピタリティ・マインドを職場に根ざしてもらうことを目的としています。

研修実施後は、各事業所のリーダーが別の事業所を巡回し、指導アドバイスするなど、フォローの仕掛けをあらかじめ計画しました。担当マネジャーから「研修の成果が出て満足している」と、お礼の電話をもらった印象深い研修です。

― 初心と日頃のこころの立ち位置をふりかえる ―
ＣＳホスピタリティ・マインド・セミナー　　ＣＳホスピタリティ

対象者：接客スタッフ／受付スタッフ／すべてのビジネスパーソン

ねらい
ＣＳに関する取り組み事例をもとに、ＣＳの本質である「ホスピタリティ」を学び合い、自社の顧客サービスのクオリティーを高めるために何ができるかを考察し、応用方法を探ります。
「個人レベルのＣＳ向上」と「チーム・組織レベルのＣＳ向上」の両面から、「顧客感動」を創造する方法を演習やディスカッションを交えながら展開する参加型・実践型のワークショップです。
①ＣＳを高めるために、個人レベル、チーム・組織レベルで必要な要素を整理学習します。
②自分自身や自社の現状を分析し、ＣＳ向上に向けての具体的なアクションを作成します。
③自分自身のホスピタリティに磨きをかけ、ＣＳ向上を組織的に推進していくための土台を築きます。
終日、マナー講師が同席し、日頃の疑問にお答えします。また、休憩時には、他社の受付事例をご紹介します。

1日目　9:00～17:00
1. 導入エクササイズ
・グループによる意見交換
・気がつく社員になるためには
2. ＣＳとホスピタリティについて
・ホスピタリティ・ＣＳとは
・グッドマンの法則
・クレームの対応のポイント
・決定的瞬間を管理する
3. 最高のサービスは、
　　　仕事への満足からはじまる
接客をする私たち自身が接客することを楽しんでいなければ、お客様をハッピーにすることなどできません。
・ストロークの交換
・ＥＳ（従業員満足）なくしてＣＳなし
4. ホスピタリティマインドの土台は、
　　　仕事への誇りから
・仕事への意味づけ・価値づけ
・周囲からの「期待」と「責任」

2日目　9:00～17:00
5. 来客応対のロールプレイ実習
グループ単位で、担当を決め、実際に来客応対を行います。
他グループからフィードバックを得ることで、反省や気づきをもとに、よりよいマナーを習得します。
6. チームワーク発揮のための
　　　コミュニケーションスキル
カウンセリング理論の1つであるＴＡは人間行動を知る上でもっとも分かりやすい体系化された理論です。ＴＡを通して、自己のコミュニケーションの傾向に気づく。
・効果的な対人関係形成のための基礎
・コミュニケーションとＰＡＣ
・ＰＡＣを活用したクレーム対応
7. ホスピタリティへの第一歩
・行動することから始まる
・Ｉ　ＣＡＮの姿勢から
・アクションプランづくり

アサーティブセミナー

　アサーティブセミナーは、ＴＡとの組み合わせの相性がもっともよい研修のひとつです。自我状態分析や基本的な態度などで、自身の傾向に気づき、アサーティブなスキルを築くことができます。弊所のキャッチコピーとしている「"気づき"から"築き"へ」とスムーズに移行できる構成です。

また、ここでは紹介していませんが、コーチングの研修においてもマインドをＴＡで、スキル習得をコーチングで学ぶという組み合わせが好評を得ています。

― I'm OK & You're OK ―
アサーティブ(素直な自己表現)セミナー

コミュニケーション

対象者:すべてのビジネスパーソン　　**期間:2日間**

アサーティブとは

アサーティブとは、自己表現のトレーニングの1つです。私たちの自己表現は、以下の3つに大別されます。

① 自分のことだけを主張するパターン
自分の主張はできるが、相手のことを聞かない。相手の感情、考え方を無視したり、相手の感じていることを否定したり軽くみるというパターンで、**攻撃的表現**といわれています。

② 自分のことを主張しないパターン
相手のことを尊重しようとして自分のことが伝えられない。相手のことを聞きすぎて、自分のことを置き忘れてしまう。何も言わない。自分の意見は取るに足らないと思っているので、相手に主張しない。表現は、受け身的であり、**非主張的表現**といわれています。

③ 相手と自分のことを共に尊重するパターン
自分のことも正確に、的確に、率直に伝える。相手の言っていることもしっかりと傾聴し、主張している気持ちを受容し、提案を尊重して、自分なりの応答をする相互尊重的な表現をアサーティブといいます。
アサーティブな行動を身につけるということは、もめごとを起こさないことではなく、もめごとが起こってもそれをうまく納めていく方法を持つことなのです。対人関係は、必ず意見の違いが起こります。アサーティブは、違いはあっても歩み寄り、一緒に考えようとする精神であり、歩みによって物事を解決しようとすることです。
自分の意見や気持ちを率直に伝え、安易な妥協ではなく、双方にとって納得のいく譲歩を見つけ出す努力です。すなわち、第3の道は必ずあるというアサーティブな姿勢づくりからスキルを習得しようとするものです。

1日目　9:00〜17:00

1.【コンセンサス(合意)実習】
－コミュニケーション・ゲームを通じて、相互交流を図ろう－
・組織(チーム)の3要素
・違いから学ぶ姿勢を磨く
・ファシリテーター(促進者)とは

2. Transactional Analysis (交流分析)
－自己への気づき－
・自己概念と成長
・自分を知る(自己理解)
　自己理解／自己の思考と行動パターン
・基本的な人生態度

3. アサーティブによる自分表現
・アサーティブとは
　なぜアサーティブが必要なのか
　アサーティブになれば何が変わるのか
　なぜアサーティブになれないのか
　コミュニケーションパターンに気づく
・アサーティブ自己チェック

2日目　9:00〜17:00

・アサーティブ権を知ろう
・自己を上手に表現し、他者とうまく付きあう方法
・なぜ、攻撃的、服従的な態度をとるのか
・アサーティブな態度の利点
・3つのかかわりについて

4. アサーティブ・エクササイズ
・アサーティブな態度とは
・アサーティブ度の自己測定
・アサーティブ状況演習
・対人関係のパターン
・非言語的アサーティブとは
・非合理的な思い込み
・アサーティブの4ステップ

5. アサーティブ・ワークショップ
－職場に活かすアサーティブ－
・課題解決場面での表現方法
・DESC法

－グループでのロールプレイ－
・ロールプレイの進め方
・フィードバック方法

〈研修・コンサルティング問合せ先〉

「ライフデザイン研究所」　http://e-eap.com

〒107-0062

東京都港区南青山2丁目2番15号　ウィン青山1403

TEL03-6868-4389

メール：info@e-eap.com

【文献】

G・W・オルポート（著）、詫摩武俊ほか（訳）『パーソナリティ──心理学的解釈』（新曜社、1982）

ウォレン・ベニス（著）、伊東奈美子（訳）『リーダーになる〔増補改訂版〕』（海と月社、2008）

マルティン・ブーバー（著）、植田重雄（訳）『我と汝・対話』（岩波書店、1979）

チャールズ・ダーウィン（著）、渡辺政孝（訳）『種の起源〈上〉〈下〉』（光文社、2009）

P・F・ドラッカー（著）、上田惇生（訳）『仕事の哲学』（ダイヤモンド社、2003）

エーリッヒ・フロム（著）、鈴木晶（訳）『愛するということ〔新訳版〕』（紀伊國屋書店、1991）

加納正規『勝者への道』（西日本新聞社、1978）

畔柳修『「言いたいことが言えない人」のための本──ビジネスでは"アサーティブ"に話そう！』（同文舘出版、2007）

畔柳修『上司・リーダーのためのメンタルヘルス』（同文舘出版、2008）

舞田竜宣『社員が惚れる会社のつくり方』（日本実業出版社、2009）

A・H・マズロー（著）、小口忠彦（訳）『人間性の心理学──モチベーションとパーソナリティ（改訂新版）』（産能大学出版部、1987）

中原淳・長岡健『ダイアローグ──対話する組織』（ダイヤモンド社、2009）

ジョン・ネズビッツ（著）、久保恵美子（訳）『ハイテク ハイタッチ──ハイテク ハイタッチとは物事を眺めるときに必要な「人間らしさ」というレンズ』（ダイヤモンド社、2001）

岡野嘉宏・多田徹佑『新しい自己への出発──マネジメントのためのＴＡ』（社会産業教育研究所出版部、1988）

岡野嘉宏「職場教育トレーナー養成」（社会産業教育研究所）

岡野嘉宏「みちしるべ」（社会産業教育研究所）

杉田峰康『人間関係のゆがみ──心身症への全人的アプローチ』（朱鷺書房、1995）

杉田峰康『新しい交流分析の実際──ＴＡ、ゲシュタルト療法の試み』（創元社、2000）

あとがき

　最初に読者の皆様にお礼申し上げます。拙い文章にもかかわらず、ここまで読み進めてくださり、ありがとうございました。

　本書は、金子書房の心理検査部長渡邊一久さんの「ライフデザイン研究所の畔柳さんらしい本を書いて欲しい」というお誘いから、執筆の機会をいただきました。渡邊一久さんの支えがなければ、きっと途中で挫折していたのではないかと思います。筆者が以前からＴＡを大切にしていることを汲み取ってくださり、出版の機会をくださった渡邊一久さんとのご縁に深く感謝いたします。

　本書が完成するまでの間、金子書房の皆様には、多大な支援を頂きました。一冊の書籍にこれほどまでに大勢の方々が想いを込めてくださることに、驚きとともに身の引き締まる想いがいたしました。

　本書は、皆様のあたたかいストロークがなければ完成することは叶いませんでした。

　常に筆者を応援してくださった渡邊一久さん、具体的なフィードバックやアドバイスを笑顔とともに贈り続けてくださった葛城敬子さん、木村由美子さん、あたたかく見守り続けてくださった長田幸弘さん、素晴らしい出来栄えに編集をしてくださった井上誠さん、池内邦子さん、そのほか、さまざまな方々の支えで仕上げることができました。心より感謝申し上げます。

　本書は、恩師である岡野嘉宏先生から学ばせていただいた内容を中心に描かれています。岡

野嘉宏先生は、数年前の夏、大切になさっていたワークショップの前日に倒れ、帰らぬ人となってしまいました。どうしても、先生から学ばせていただいたＴＡを書籍にしたく、その想いを奥様の八重子さんに申し出たところ、あたたかい励ましの笑顔と快いご返事を頂きました。おふたりに心から感謝申し上げます。

　また、妻からは、「岡野先生の想いを書籍にまとめてみたら！　あなたが書き上げないで誰が想いを綴るの！」と、背中を押してもらいました。ともに暮らす重度障害の父からは、「お前をここまで育ててくださった先生にせめてもの恩返しをしないとな」と励まされ、完成を待ち望んでくれました。ふたりの後押しのお陰で本書を書き上げることができました。

　最後に読者の皆様にお願いがあります。

　筆者は、ＴＡをとても大切にしています。これからもさまざまな可能性を探求していきたいと考えています。そのためには、多くの方々と経験を分かち合い、共に学ばせていただきたいと願っています。お気軽にメールをお送りいただければ嬉しく思います。

2012年1月　　畔柳　修（くろやなぎ　おさむ）

　ライフデザイン研究所ＨＰ：http://e-eap.com

　メールアドレス：info@e-eap.com

著者プロフィール
畔柳 修〈くろやなぎ おさむ〉
「ライフデザイン研究所」所長

　1965年愛知県生まれ。
　大学卒業後、広告代理店、経営コンサルタント会社を経て「ライフデザイン研究所」を設立。
　独立当初より、行動科学、Transactional Analysis、ゲシュタルト療法、ポジティブ心理学、認知行動療法、ブリーフ・セラピー、システムズ・アプローチなどを精力的に学び、人材開発や組織開発に応用する。
　ライフデザイン研究所では、人材開発（研修セミナー）、キャリア＆心理カウンセリング、組織開発（経営コンサルティング）ＥＡＰ（メンタルヘルス）の４つのサービスを軸に「個人の輝きと職場の活性化」の実現に向けて、精力的に活動をしている。
　人材開発では、Transactional Analysis、をはじめ、キャリアデザイン、ポジティブ心理学、レジリエンス、リーダーシップ、メンタルヘルス、アサーティブ、ファシリテーション、メンタル・コーチング、ＮＬＰ、階層別研修など数多くのテーマを担当している。
　経営コンサルティングでは、ポジティブアプローチによる組織風土の活性化、エグゼクティブ・コーチング（カウンセリング）、戦略ビジョン策定、人事施策の改訂など、人と仕組みの両面から、働きがい、生きがいを見出せる場を創造し続けている。
　最近は研修講師の育成にも携わっており、筆者自身が積み上げたノウハウを提供しながら、育成のためのトレーニングやコーチングを展開している。

【著書】
『キャリアデザイン研修 実践ワークブック ──若手・中堅社員の成長のために』金子書房、『「言いたいことが言えない人」のための本──ビジネスでは"アサーティブ"に話そう！』同文舘出版…など多数

講演＆研修セミナー、ＥＡＰ（メンタルヘルス）、組織開発など、ぜひお気軽にお問い合わせください。

お問い合わせ先：info@e-eap.com
「ライフデザイン研究所」http://e-eap.com

職場に活かすＴＡ　実践ワーク
人材育成、企業研修のための25のワーク

2012年4月26日　初版第1刷発行
2019年3月28日　初版第3刷発行

著　者　畔柳　修
発行者　金子紀子
発行所　株式会社　金子書房
　　　　〒112-0012　東京都文京区大塚3-3-7
　　　　電話　03(3941)0111(代)　FAX 03(3941)0163
　　　　振替　00180-9-103376
　　　　ホームページ　http://www.kanekoshobo.co.jp
印　刷　藤原印刷株式会社　　製　本　株式会社宮製本所

©Osamu Kuroyanagi 2012
ISBN978-4-7608-2638-4　C3011
Printed in Japan

年間30万人が受検
交流分析理論に基づき、
"5つの心"から性格特徴をとらえる

新版 TEG®Ⅱ（テグ）

東大式エゴグラム Tokyo University Egogram New Ver. Ⅱ
東京大学医学部心療内科 TEG 研究会　編

種　類	性格検査（質問紙法）
対象年齢	15歳以上
形　式	質問項目数53問（L尺度3問含む） 「はい」「いいえ」「どちらでもない」で回答します 集団にも個別にも使用できます
所要時間	回答：10分程度 自己採点：5分程度

＊受検方法は「コンピュータ採点」、「自己採点」が選択できます。「コンピュータ採点」は、専用のマーク式用紙をご利用の上、弊社に送付いただくことで、採点結果報告書を返送させていただくサービスです。詳細はお問い合わせください。

価格一覧▼

品　名		定価
新版 TEG Ⅱ　用紙　（30名分1組）	自己採点用	本体7,600円+税
新版 TEG Ⅱ　用紙　（10名分1組）	自己採点用	本体2,600円+税
新版 TEG Ⅱ　マーク式用紙　（10名分1組）	コンピュータ採点用	本体2,000円+税
新版 TEG Ⅱ　コンピュータ採点料	コンピュータ採点用　1名	本体1,000円+税
	201名以上　1名	本体　700円+税
新版 TEG Ⅱ　実施マニュアル（手引）		本体1,200円+税
新版 TEG Ⅱ　解説とエゴグラム・パターン		本体2,200円+税
新版 TEG Ⅱ　活用事例集		本体2,800円+税
エゴグラム早わかり（10名分1組）		本体2,000円+税

TEG® は株式会社金子書房の登録商標です。

金子書房